Rentier à temps plein

De chauffeur de bus à rentier immobilier

SÉBASTIEN HANOUNA

ISBN : 978-2-9569723-0-3

Table des matières

Préface

Vous êtes-vous déjà posé ces questions : Pourquoi suis-je comme cela ? Pourquoi est-ce que j'agis de la sorte ? En quoi réside ma réussite ? Quelles sont les raisons de mes échecs ? D'où vient mon manque d'ambition ?

Et si la personne que vous étiez devenue correspondait juste au reflet des paroles, des discours, de l'actualité que vous entendiez, et que votre cerveau en avait parfaitement mémorisé l'ensemble, allant jusqu'à vous programmer ?

On devient ce que l'on entend : voici ce qui caractérise à la perfection le parcours entrepreneurial de Sébastien Hanouna. Notre rencontre a d'ailleurs eu lieu lors d'un événement consacré à l'immobilier, où des dizaines de personnes n'avaient qu'un seul et même but : investir dans ce secteur afin d'accéder à une vie meilleure ou, pour les plus motivés, atteindre une indépendance financière et géographique. Tel était le rêve de Sébastien : investir dans la pierre pour gagner sa liberté, de manière à ne plus subir les contraintes salariales de son activité professionnelle de chauffeur de bus.

Le pari peut sembler fou, déraisonnable, voire même IMPOSSIBLE pour certains. Mais aux yeux de Sébastien et des personnes qu'il a l'habitude de fréquenter, vouloir investir dans l'immobilier afin de doubler son salaire ou encore atteindre son indépendance financière sont monnaie courante. Comment ne pas rêver immobilier, entrepreneuriat, liberté ou encore millions quand les personnes qui vous entourent ne parlent que de cela ? C'est tout simplement impossible. Vous vous connectez naturellement à elles et à leur manière de voir la vie.

Que diriez-vous à une personne qui veut parler anglais couramment et maîtriser rapidement les subtilités de la langue ? Naturellement, vous lui diriez d'aller s'immerger dans un pays où l'on ne parle que cette langue, voyons ! Pourquoi cela ? Car elle serait entourée de personnes qui lui ouvriraient les portes de ce langage qu'elle souhaite acquérir. Logique, me direz-vous ! Ainsi, pourquoi ne pas répliquer cet état d'esprit et cette méthode pour aller à la conquête de vos rêves et les objectifs qui vous animent ?

Dans un langage plus soutenu, cela s'appelle le « phénomène de l'épigénétique », c'est-à-dire que nous sommes la moyenne des cinq personnes que nous côtoyons le plus. Peu importe le domaine dans lequel vous cherchez à exceller, ce qui définira votre réussite découlera des personnes que vous fréquenterez ou encore du langage que votre esprit aura l'habitude d'entendre au quotidien. De ce fait, ne donnez pas priorité à votre réussite par des qualités intellectuelles ou autres qualités physiques et athlétiques si vous choisissez le domaine du sport. Votre réussite se fera à travers un état d'esprit, un comportement et une attitude.

Soit vous continuez de voir la vie sous forme de 1 = 1, c'est-à-dire un métier = un salaire, soit vous prenez la décision de voir la vie sous forme de 1 = 2, c'est-à-dire un métier = un salaire + l'opportunité de faire des prêts immobiliers pour se construire une liberté financière car il faut se rendre à l'évidence : le principal problème dans la vie, ce n'est pas d'avoir des objectifs ou des rêves, mais de réussir à les mettre en pratique ! Voilà le principal problème auquel est confronté l'être humain : le passage à l'action et l'implémentation des connaissances qu'on lui enseigne !

Pour y arriver, deux choix s'offrent à vous : continuer de vous trouver des excuses à travers le fait que vous ne gagnez pas assez d'argent, que vous n'avez pas le temps, que vos enfants vous prennent beaucoup de temps, que l'immobilier est cher, compliqué, que si c'était si facile tout le monde en ferait... En bref, je fais confiance à votre imagination pour trouver toutes les excuses du monde pour ne pas passer à l'action. Ou alors, vous pouvez agir comme Sébastien. Vous faites avec ce que vous avez et vous trouvez des solutions pour y arriver. Vous composez une recette qui vous mènera à votre succès grâce aux quelques ingrédients à votre disposition, et vous avancez !

En parlant d'excuses - première cause de procrastination - vous êtes-vous d'ailleurs posé ces questions : « à combien de reprises les excuses vous ont-t-elles rapproché de vos objectifs ? » ou encore « à combien de reprises avez-vous réussi à atteindre un objectif grâce aux excuses ? » Jamais, bien entendu ! Alors pourquoi continuer de vous en trouver, puisque celles-ci ne vous aideront pas à vous rapprocher de vos objectifs ou de la personne que vous voulez devenir ? Là est toute la subtilité du comportement de l'être humain, entre une personne qui réussira et une autre qui restera dans les starting blocks ! D'ailleurs, en parlant de starting blocks, faisons un parallèle avec le sport pour que vous compreniez où je veux en venir avec l'état d'esprit de la réussite…

Connaissez-vous l'effet Bannister ? Ou encore la méthode Fosbury ? Nous sommes le 6 mai 1954. Pour la première fois de l'histoire, Roger Bannister a couru le premier mile en moins de quatre minutes. Avant sa performance de 3 minutes et 59,4 secondes, on pensait qu'il était tout simplement impossible de parcourir une telle distance en moins de 4 minutes. Aujourd'hui, courir un mile en dessous de cette barre historique est devenu un standard pour les coureurs de fond. Avant Bannister, beaucoup pensaient qu'il était physiquement impossible pour le corps humain de courir si vite alors qu'en réalité, cela l'était seulement pour l'esprit humain (sauf pour le sien, bien sûr).

Nous autres, humains, sommes persuadés que les choses qui nous semblent trop difficiles sont en réalité impossibles, du moins jusqu'à preuve du contraire. Il y a beaucoup d'actions que nous pensons impossibles uniquement car nous n'avons pas vu quelqu'un d'autre les réaliser. Pour de nombreuses personnes, le simple fait de savoir que quelque chose peut être fait leur permet de croire qu'elles aussi en sont capables. Cela supprime alors le blocage mental qui les empêche de réussir. Si elles peuvent y arriver, pourquoi ne pouvez-vous pas obtenir la même chose ?

Parlons maintenant de l'athlète Dick Fosbury. Tous les sauteurs en hauteur utilisent la même technique de saut, inventée par l'américain Dick Fosbury dans les années 1960. On l'a longtemps pris pour un fou, jusqu'à ce qu'il décroche aisément la médaille d'or aux Jeux de Mexico et qu'il crée son propre style : le célèbre « Fosbury Flop ». Au départ, cet athlète était contraint d'adopter les techniques de saut en vigueur, notamment le ciseau, mais il n'était pas vraiment doué pour cela.

« On m'a mis au défi de sauter par-dessus un fauteuil club. Non seulement j'ai perdu le pari, mais en plus je me suis cassé la main en retombant », raconte Fosbury. Un jour, il décide de développer sa propre technique pour cesser d'enchaîner les défaites : une course d'élan courbe suivie d'un saut dos à la barre, obligeant le dos à se courber jusqu'à 140°.

« Ce n'est pas le fruit de la science, de mon analyse ou de ma pensée, sourit Fosbury, interviewé dans The Independent. Non, c'est juste mon instinct. Mon esprit a poussé mon corps à trouver la meilleure façon de passer par-dessus cette barre. » Le résultat est probant : avec un saut à 2,24 m, Fosbury révolutionne son sport et décroche la médaille d'or. Plus tard, les entraîneurs d'athlétisme se convertiront progressivement à sa méthode.

Il est important de tirer une conclusion de ces deux références et de faire le parallèle avec vos ambitions et vos projets immobilier, peu importe d'où vous partez, peu importe les richesses que vous avez en votre possession pour donner vie à votre projet. Bannister nous a brillamment démontré que le succès ne se construit pas à travers les temps déjà existants, mais bien à l'intérieur de vous. Ce n'est pas parce que votre entourage croit qu'il est impossible de se constituer un patrimoine d'une dizaine d'appartements avec un salaire de 1.500 €, que ça l'est. Roger Bannister devait faire face à deux options. La première, faire comme tous les autres athlètes et se contenter du résultat d'usage. La seconde, plus ambitieuse, chercher des solutions pour établir des temps en dessous des normes de l'époque. Même résultat avec la méthode Fosbury. Soit vous continuez de faire comme monsieur Tout-le-Monde, comme vous l'a inculqué la société, et vous obtiendrez les mêmes résultats. Soit vous décidez d'emprunter une voie alternative, afin de devenir l'architecte de votre existence.

Désormais, c'est à vous de prendre vos responsabilités comme a su le faire Sébastien Hanouna, ou alors de faire le choix de demeurer dans votre quotidien du métro-boulot-dodo pendant les quarante prochaines années de votre vie. La solution est en vous. Maintenant, je vous laisse entre les mains de Sébastien, afin qu'il vous narre son parcours, les décisions qu'il a dû prendre et l'état d'esprit qui lui a permis de devenir ce qu'il a toujours souhaité : un homme libre. À vous de jouer, à votre succès et, surtout, n'oubliez pas une chose :

« La connaissance sans l'action n'est pas la connaissance ! »

Et avant de vous quitter, rappelez-vous que l'on devient ce que l'on entend. Et si vous changiez ?

- Goulwenn Tristant

Auteur du livre best-seller *Comment je me suis constitué un patrimoine de plusieurs millions d'euros avec un salaire de 1 750 €* et champion du monde d'ultra triathlon 2016

Prologue

À mon sens, l'image d'une main menottée au volant de mon bus RATP représentait un esprit cadenassé à son emploi. Pire, l'espoir de mon épanouissement professionnel s'endormait peu à peu dans ma vie, alors que je me résignais à n'être qu'un salarié.

Pourquoi vous dépeindrai-je autrement qu'avec sincérité et désamour un mode de vie que je souhaitais quitter plus que tout au monde ? Comment accepter de rester immobile sous les coups de boutoir d'un système qui nous déshumanise au quotidien, nous obligeant à travailler toujours plus dur et plus longtemps, pour grappiller, dans le meilleur des cas, une once de pouvoir d'achat ?

Dans une société en crise où la sécurité de l'emploi n'existe quasiment plus, mais qui se veut toujours plus « de consommation », il y a de quoi devenir chèvre. Mis en compétition permanente au travail, dans la rue, ou à la maison, dans cette course effrénée à « qui réussira le mieux sa vie », on ne nous offre pourtant que très peu de marge de manœuvre pour y parvenir.

Et tout ça pour quoi ? Tenter de s'en sortir, tant bien que mal, et naviguer entre nos désirs de consommateurs et notre statut social souvent précaire et restreint.

Non, je ne pouvais définitivement pas attendre la retraite pour être « libre ». Mais pourquoi s'obstiner à travailler dans ces conditions et, de surcroît, à quoi bon ?

Rébarbatif et parfois insipide, le film de notre vie se déroule jours après jours, sans jamais que nous ne jouions les rôles principaux. Et pour quoi en retour ? Pour la fameuse routine « métro-boulot-dodo », voyons. À mes yeux, c'en était trop, je ne pouvais rester là sans rien faire.

Si vous avez d'autres aspirations que celles de jouer les seconds couteaux, d'autres buts que de pointer au boulot juste pour payer vos factures, que vous avez pour ambition de ne plus compter votre argent à la fin du mois, la boule au ventre, ce livre vous est destiné. Si vous êtes déterminé à réussir, que vous souhaitez investir en immobilier et placer efficacement votre argent, préparer votre retraite sereinement, anticiper votre transmission pour vos enfants et, enfin, vous offrir un complément de salaire voire même devenir libre financièrement, ce livre vous est bel et bien destiné.

De simple chauffeur de bus à ma liberté financière, j'ai dû déconstruire une à une toutes mes croyances limitantes pour sortir des rangs, et devenir rentier avant mes 30 ans, sans aucun apport. Il faut en finir avec les idées préconçues qui veulent vous faire croire que vous n'êtes pas capable de devenir libre financièrement et que vous n'êtes bon qu'à vous tuer à la tâche pour un employeur, au gré des intempéries économiques qui frappent le pays.

De simple salarié à entrepreneur vivant de ses rentes, il n'y a qu'un pas : celui de vous affranchir des normes pour prendre votre vie en main, sans jamais plus laisser quiconque dicter les règles du jeu à votre place.

Si j'ai été en mesure de le faire, pourquoi pas vous ?

Biographie

Introduction

Je n'étais en rien prédestiné à mener la vie que je mène aujourd'hui. Sans avoir la prétention d'affirmer avoir « réussi ma vie », je peux simplement témoigner de l'avoir prise en main assez tôt pour en être au maximum le décisionnaire. Être libre financièrement, indépendant et autonome, c'est – grossièrement parlant – s'offrir le pouvoir de faire ce que vous voulez, où vous le voulez, et quand vous le voulez. Puis, comme dans toute carrière, le cadre évolue suivant la grandeur de ses ambitions et de sa réussite. Je vais vous raconter ici mon parcours en vous présentant dans les grandes lignes les faits marquants de ma construction personnelle et les prémices de mon aventure en tant qu'investisseur. J'entrerai ensuite dans les détails de tous mes investissements au fur et à mesure, ainsi que sur la manière dont se sont déroulés les faits.

Famille

J'ai grandi dans une petite banlieue du sud de Paris, au Plessis-Robinson, dans le 92. Fils unique jusqu'à l'adolescence, né d'une mère coiffeuse et d'un père musicien, mes parents, pudiques et humbles appartiennent à la classe moyenne. Sans être un enfant privilégié, je n'ai pourtant pas manqué d'amour. J'ai vécu toute ma jeunesse dans des HLM, oscillant entre celui de ma mère et de mon père suite à leur séparation. Même si nous ne roulions pas sur l'or, nous partions en vacances comme tout le monde, nous fêtions Noël normalement et il y avait toujours à manger sur la table.

De l'école à l'adolescence

Je n'ai jamais été épris de l'école et le moins que l'on puisse dire, c'est qu'elle me l'a bien rendu. Mon cursus scolaire fut particulièrement calamiteux et s'apparentait à une longue journée de travaux forcés. Avec le recul, je n'ai aucun complexe à avouer que ce n'était pas fait pour moi. Au collège, j'étais plutôt mauvais élève, plus en queue de peloton que dans le celui de tête, avec des moyennes générales oscillant entre 8 et 10 sur 20.

Retardataire, dissipé et désinvolte, je n'avais décidément aucun attrait pour l'école. N'étant déjà pas bien assidu, je me suis alors mis à sécher les cours et à tirer sur la corde, jusqu'à mon redoublement – bien mérité – en classe de 4ème. Lors de ma seconde année, le calvaire prit une toute autre tournure et le fossé entre l'école et moi s'agrandit, jusqu'à mon exclusion en cours d'année pour des raisons de comportement. Le point de rupture était là, tapis dans l'ombre. Comme beaucoup de garçons de quatorze ans en pleine crise d'adolescence et les mauvais résultats n'y étant pas étrangers, j'ai vu naître en moi une forme de rébellion illustrée par le rejet de l'autorité scolaire et parentale. L'envie de m'émanciper commençait déjà à me se faire pressante.

L'année suivante, je me suis retrouvé en 3ème technologique, où nous n'étions qu'une douzaine d'étudiants environ. Cela me permis de me canaliser et d'obtenir mon brevet des collèges en fin d'année. Ce fut toutefois une accalmie de courte durée car, ne sachant toujours pas quoi faire dans la vie, et n'ayant pas l'embarras du choix dans les options à ma disposition, je me suis retrouvé en BEP vente, non sans une pointe de dépit. L'année fut très courte cette fois-ci. Suite à un conseil de discipline, je fus mis à la porte au bout de quatre mois. À 16 ans et sans établissement, autant vous dire que l'humeur était plutôt morose à la maison. Le profond désarroi de mes parents, auquel s'ajoutait ma posture attentiste, demeure à ce jour la période la plus difficile de ma jeunesse. J'avais inconsciemment pris la bonne route pour saboter toutes mes chances de réussite par les études, et il était temps de trouver un autre moyen afin de m'en sortir.

Argent de poche

En parallèle de mes déboires au bahut, je commençais à m'intéresser à l'argent. À cette époque, je n'avais pas d'argent de poche. Dans la mesure où je n'aimais pas réclamer à mes parents, j'ai dû mettre la main à la pâte pour accompagner mes potes quand ils allaient au « grec » ou autre. À cet âge, je fumais beaucoup avec les copains. D'ailleurs, une rencontre avec un ancien camarade de BEP, dealer de stupéfiant, m'avait donné l'idée d'acheter en gros pour me faire un petit pécule. Dans mon entourage, je connaissais énormément de fumeurs, ce qui amenuisait l'aspect illégal de la chose d'une part, et d'autre part, m'offrait une clientèle potentielle. Je décidais de revendre ma Playstation pour pouvoir acheter une plaquette de résine de cannabis, puis commençais à faire ma publicité dans mon entourage. Les clients suivirent dans la foulée, et comme escompté, mes "marchandises" s'écoulèrent comme des petits pains ! En toute logique, j'utilisais mes gains pour racheter en plus grosse quantité que la fois d'avant, et de fil en aiguille ma notoriété et mes ventes décuplaient. C'était devenu un petit business juteux qui occupait mes journées. Sans être un gros poisson pour autant, cela m'offrait des revenus que je dépensais en sorties, en fringues, en consoles et jeux vidéo, mais aussi en alcool.

Malgré la « pseudo réussite » de ma petite entreprise, je me souviens que j'étais surtout paumé, à cette époque. Du matin au soir à jouer au dealer et à fumer des spliffs, ce n'était pas non plus la panacée et j'avais le moral dans les chaussettes, tant cette voie était vouée à l'échec. J'aurais pu vraiment mal tourner.

Rencontre fortuite et premiers pas musicaux

Un jour, je fis une rencontre qui allait bouleverser le cours des choses. Je commençais à me lier d'amitié avec l'un de mes clients, rencontré sur le tas. Il avait le même âge, mais venait d'un milieu social différent : il était de bonne famille, comme on dit. Notre entente amicale, basée principalement sur la musique – nous étions tous deux fans de rap – l'amena à m'inviter dans un genre de petit studio d'enregistrement que son père avait agencé pour lui dans sa maison. Nous sommes rapidement devenus proches et avons commencé à réaliser des maquettes ensemble. Nous avons passé de bonnes soirées à écrire et enregistrer des morceaux qu'on postait ensuite sur des plateformes comme « Myspace » ou « Skyblog ».

Il a ensuite investi dans du matériel pour que nous puissions créer nos propres instrus et, sans aucune connaissance en la matière, je m'y suis affairé. Dès mes premiers pas, j'ai compris que c'était mon truc. J'ai donc mis de côté l'écriture, qui ne me convenait pas des masses, pour me consacrer uniquement à cela. J'ai passé un temps monstrueux devant mon ordinateur afin d'apprendre la musique et la composition.

Mon père, ayant ensuite eu vent de mes désirs artistiques, a décidé de me soutenir et m'a à son tour fourni du matériel, notamment des logiciels et tutoriels pour acquérir de bonnes bases en composition musicale. Je suis alors passé à la vitesse supérieure. Jours et nuits à faire mes gammes, à m'exercer et approfondir mes connaissances, je n'avais jamais été autant enthousiaste qu'en cet instant. Bonifié par le travail, je prenais énormément de plaisir à la création musicale et me découvrais là une réelle passion et un excellent moyen de faire mes preuves. Puis le père de mon ami nous a fait construire un studio professionnel chez lui, en lieu et place de l'ancien, avec traitement acoustique, matériels haut de gamme, consoles de commandes et tutti quanti.

Soutenus par le cadre de vie extrêmement confortable qu'offrait mon ami, et fort de notre confiance inébranlable l'un envers l'autre, nous nous sommes demandés "pourquoi ne pas composer des instrus et les proposer à des rappeurs connus ou en devenir ?". Durant la semaine, nous recherchions donc à placer nos instrus à droite à gauche, ainsi qu'à pourquoi pas produire de jeunes talents sur YouTube. Puis les weekends ainsi que pendant les vacances, nous nous rendions dans le sud de la France pour passer du bon temps dans sa maison de famille.

La vie de château et mon premier « vrai » boulot

Je vivais quasiment chez lui. J'y découvrais un monde luxueux, accueillant et charmant, que mon ami m'avait permis de caresser du doigt. Chaque été, nous étions traités comme des rois au Lavandou, leur lieu de villégiature favori. Villa en bord de mer, repas gastronomiques dans les plus beaux restaurants, sorties dans les boîtes de nuit branchées en VIP, bronzette en bateau, balades en jet-ski, chauffeur privé et j'en passe. À 17 ans à peine, je m'émerveillais devant cette chance inouïe de côtoyer « la haute », des gens qui avaient réussi leur vie et m'inspiraient. On dit que l'argent ne fait pas le bonheur mais, sous mes yeux ébahis, il m'était difficile d'affirmer qu'il n'y contribuait pas fortement.

De retour en région parisienne à la fin de l'été, après des vacances de rêve, nous n'avions pu dégotter que de jeunes artistes méconnus du grand public, que nous produirions sans succès. Ayant arrêté entre temps mes combines de dealer, vu que je consacrais tout mon temps à la musique, je n'avais plus d'entrées d'argent et mes poches commençaient sérieusement à se vider.

Le père de mon ami possédait un campus dans les environs et m'offrit un petit boulot de souffleur de feuilles, de la fin de l'automne au début du printemps. Reconnaissant et n'ayant pas le droit me plaindre, j'ai balayé de fond en comble la cour, arrosé les plantes, et nettoyé les classes du campus par un froid de canard cinq jours sur sept pour la modique somme de 1.060 €, soit le SMIC. Et dire que première fiche de paie provenait d'un établissement scolaire. Quel comble !

Pendant mon temps libre, je continuais de travailler sur nos projets musicaux et d'enregistrer des chanteurs en studio, mais j'étais de plus en plus seul : mon associé se préoccupait davantage de sa nouvelle petite amie. Hélas, les choses n'allèrent pas en s'améliorant : sa passion pour la musique s'amenuisa peu à peu. En peu de temps, notre amitié idyllique vacilla jusqu'à ce que nos chemins se séparent et que je retourne vivre chez ma mère.

Pour la petite histoire, ils sont aujourd'hui mariés et ont eu un petit garçon. Si parfois les bonnes choses ont une fin, eh bien sans remords ni rancune, en plus du bon temps, notre idylle amicale aura profondément façonné mon futur, et je lui en suis infiniment reconnaissant.

Retour à la vie réelle | Premier CDI

De retour au bercail, j'allais sur mes 19 ans et il me fallait absolument trouver un emploi pour entrer dans la vie active. Plus question de vendre du haschich, plus d'argent sale, plus de risques inconsidérés. Il était temps de prouver à mes parents que j'étais capable de travailler sérieusement. N'ayant pas de qualifications, j'ai déposé mon CV un peu partout dans les grandes enseignes aux alentours, telles que Picard, Auchan, Monoprix. Grâce à mon permis de conduire, j'ai été embauché chez Monoprix en tant qu'employé de rayon et chauffeur-livreur. J'étais en charge du rayon "boisson". Mon travail se résumait à réorganiser les stocks, préparer les commandes à domicile, puis réaliser les livraisons chaque mercredi après-midi : un boulot payé au SMIC de l'époque, soit 1.080 €, auxquels s'ajoutaient les pourboires du mercredi, approximativement 40 € par journée, ainsi qu'un 13e mois. Le supermarché se trouvait à environ 15 minutes à pied de la maison, et je n'avais pas de charges à payer, ma mère ne me réclamant aucune participation. Même si j'avais bien conscience que ça ne cassait pas trois pattes à un canard, c'était une situation plutôt confortable pour mon premier vrai boulot. De plus, le job en lui-même ne me déplaisait pas, et c'était avant tout pour moi un moyen de gagner un peu en autonomie.

Musique

En parallèle, je n'avais rien perdu de mes désirs de musique, et continuais de composer tous les soirs dans ma chambre. Je tentais d'étendre mon répertoire de contacts dans le milieu. J'utilisais le matériel que mon père m'avait donné pour créer plusieurs « instrus », dans l'espoir de pouvoir les placer quand l'occasion se présenterait.

Vie de couple

Dès mes débuts chez Monoprix, je me suis rapproché d'une collègue caissière, une jeune femme de mon âge qui me plaisait bien. En creusant un peu, nous nous sommes rendus compte que nous avions un ami en commun, ce qui facilita notre rencontre en dehors du travail. C'était une aubaine pour moi, étant de nature assez timide – du moins à l'époque, et surtout avec la gente féminine. On se retrouvait en soirées entre copains dans des ambiances conviviales ce qui, par chance, me mettait à mon aise. Au fur et à mesure, tous les deux célibataires et de plus en plus proches, nous sommes sortis ensemble. Après plusieurs mois de relation, les choses semblaient plutôt sérieuses entre nous, et entre le travail, ma copine, et les amis, je commençais à m'installer dans une routine d'adulte, tout en gagnant en maturité.

Crédit à la consommation

Au bout de sept mois en poste, je décidais de prendre un crédit pour acheter une Polo blanche neuve, d'une valeur de 17.500 € chez le concessionnaire avec 5.000 € d'apport. C'était un petit objet de convoitise pour me pavaner un peu, tout en joignant l'utile à l'agréable. Toutefois, ce confort matériel s'avéra lourd à assumer, puisant dans quasiment toutes mes économies : je devais sortir 350 € de crédit par mois sur 3 ans, soit plus du tiers de mon salaire.

Locataire

Nous vivions chez nos parents respectifs depuis 2 ans déjà et jusque-là, cela ne nous posait pas de problème. Un jour, mon beau-père me proposa de récupérer l'appartement de sa sœur, qui louait un studio meublé de 30 m² dans une résidence pas loin de chez nous. Par curiosité, nous l'avons visité et nous avons eu un coup de foudre. Il était temps de vivre à deux. Puis à trois, puis à quatre, en ajoutant à notre couple un chaton et un chiot.

La vie suivant son cours, nous organisions plein de soirées chez nous, partions en vacances dès que nous le pouvions. Tout allait pour le mieux. En contrepartie, j'avais beaucoup de mal à boucler mes fins de mois et j'étais souvent à découvert. Entre le loyer, le crédit et les besoins du quotidien, l'envie de gagner plus d'argent se faisait de plus en plus pressante, et il me fallait prospecter.

RATP

Un soir, à l'appart avec des copains, je fis la rencontre du pote d'un pote, qui bossait en tant que chauffeur de bus à la RATP. Il me disait gagner, avec les primes et son 13ème mois, environ 2.000 € par mois, soit quasiment le double de mon salaire. La description de son boulot avait l'air plutôt plaisante et je souhaitais en savoir davantage. Après plusieurs minutes de conversation, il me proposa son aide pour remplir le formulaire d'embauche. Il me dit que cela ne coûtait rien d'essayer. C'est donc ainsi que j'ai postulé pour devenir chauffeur de bus à mon tour ! Les papiers envoyés, j'ai dû attendre près de 6 mois avant de recevoir une réponse, et d'accéder à toutes les étapes – nombreuses d'ailleurs – de tests. Cela m'aura pris une année complète pour remplir les critères nécessaires, ainsi que pour acquérir un permis de catégorie D.

2ème CDI, mes débuts

Après plus de trois ans de bons et loyaux services chez Monoprix, il était temps pour moi de passer à autre chose. Sans regrets, je quittais donc mon boulot et prenais mes nouvelles fonctions. Une fois en poste, sans chef sur mon dos pour me donner des ordres, je jouissais d'une autonomie nouvelle, ainsi que d'une belle augmentation de salaire. D'ailleurs, une fois finie la période probatoire pour être en contrat CDI, ma compagne et moi décidions d'emménager dans un appartement plus grand, cette fois-ci dans le 91, à Igny.

Dans le jargon, il y a ce que l'on appelle être « hors ligne ». Cela signifie que vous n'avez pas de ligne attitrée et que vos horaires fluctuent en permanence en fonction des besoins de toutes les lignes. Vous êtes, sans être péjoratif, une sorte de bouche-trou. Lorsque l'on débute à la RATP, on n'a d'autres choix que d'être « hors ligne », généralement pendant une période d'une année, et le rythme de vie que cela impose est épuisant. Je recevais généralement mes planning deux à trois jours à l'avance, voire même parfois seulement la veille pour le lendemain. Les horaires de début et de fin de service pouvaient varier du matin très tôt au soir très tard. Difficile donc de prévoir et d'organiser sa semaine dans ces cas-là ! Je me souviens encore de l'angoisse que me provoquait la découverte de mes horaires à la dernière minute. À part les vacances déposées sur l'année à votre convenance, le quotidien était constamment ballotté, et je constatais qu'il était difficile de s'installer dans une routine agréable. Malgré tout, cette première année est passée très vite et dans l'ensemble, boulot et vie personnelle réunis, tout se déroulait parfaitement. Avec ma compagne, nous nous plaisions où nous étions, vivions mieux qu'avant et c'était appréciable. Mais progressivement, la routine au travail s'installa.

La musique comme passion

En parallèle, du train-train quotidien au travail, je faisais toujours de la musique à la maison. D'une part, pour m'aérer l'esprit, et d'autre part car j'essayais avec vigueur de devenir compositeur professionnel. Et pour ça, il me fallait passer à la vitesse supérieure. N'ayant pas un réseau me permettant d'intégrer ce milieu, je décidais d'entreprendre une stratégie un peu plus offensive, et d'aller démarcher les rappeurs directement à la sortie des radios, comme Skyrock par exemple. Je donnais une vingtaine « *d'instrus* » sur des clés USB, directement en main propre à tous les rappeurs que j'appréciais. Bien que n'ayant pas de retour, je ne voulais rien lâcher et continuais de persévérer.

Au bout d'un an en poste

Une fois la période d'un an « hors ligne » passée, je suis devenu ce que l'on appelle « en roulement ». Les avantages du « roulement » sont de recevoir vos plannings 3 mois à l'avance, cette fois-ci, avec des horaires prédéfinis selon 4 types de semaines : semaine du matin, de l'après-midi, du soir, ou bien un service en deux fois de deux demi-journées. Par exemple, le service du matin commence du dépôt à 4h16 pour un retour et fin de service à 11h09 au terminus. Celui de l'après-midi commence à 12h14 pour finir à 19h30, et ainsi de suite pour le service du soir. Le dernier étant largement moins à mon goût, comprenant un service le matin tôt, plus court, puis un autre l'après-midi pour compléter la journée. Voilà à peu près le fonctionnement des horaires. De cette façon, il était beaucoup plus simple pour moi d'organiser mon temps autour du travail.

Journée type

Déjà, il faut se rendre sur son lieu de travail. Ce qui n'est pas toujours drôle, vu que vous êtes sujet à finir dans un autre endroit que celui où vous avez commencé, ce qui nécessite une organisation assez pointue lorsque vous décidez de prendre la voiture par exemple. Je me rappelle encore l'arrivée au dépôt en début de journée, où l'on devait passer sa carte de service pour que l'on vous attribue ce qu'ils appellent « le radar ». Le radar, c'est tout simplement votre feuille de route qui précise vos courses de la journée, ainsi que les points de régulation de votre trajet pour que vous restiez dans les temps. Arrivé dans votre bus, vous commencez par vérifier rapidement que tout est en ordre, puis une fois validé, vous entamez votre course en direction de l'autre bout de la ligne. Une fois parcourue, vous avez une pause d'une dizaine de minutes pour décompresser avant de repartir dans l'autre sens. Mais nombreuses sont les fois où la circulation et autres soucis de lignes causent du retard. Et pour le bien de la régulation, nous pouvions être conviés à repartir plus tôt. Une fois la journée finie, vous quittez votre bus, soit au dépôt, soit en station, soit à un terminus. Il arrive fréquemment que votre lieu de départ diffère de votre lieu d'arrivée, et vous devez donc bien souvent rentrer à pied.

Routine au boulot

Durant la première année, j'aimais bien rester au terminus avec les collègues, autour de la machine à café pour discuter le bout de gras. Ça permettait de décompresser un peu et de sympathiser. Mais j'ai fini par déchanter, à force d'écouter les plaintes récurrentes sur la régulation et les conditions de travail en général. L'aspect négatif du métier était trop souvent le maître mot de nos bavardages. Et passé un temps, je n'arrivais plus à rester positif. C'est à ce moment-là que j'ai compris qu'il fallait que je me bouge et entreprenne autre chose. Je me suis mis à lire pendant mes temps de pause.

Temps libre

Il y avait toutefois certains avantages à travailler pour la RATP (communément appelée « la planque ») : le CE de l'entreprise est avantageux, le salaire y reste raisonnable et la structure de l'entreprise est bien pensée. Par exemple, la gestion des emplois du temps est simplifiée par une plateforme internet qui permet d'échanger son service avec un autre employé lorsque vous n'êtes pas disponible. Cela m'offrait donc la possibilité de dégager du temps pour toute autre activité annexe.

La musique, toujours

À force de chercher, j'avais fait la rencontre d'ingénieurs du son et de jeunes rappeurs de talent. Je commençais à côtoyer les studios d'enregistrement et à me constituer un petit réseau. J'ai fini par récupérer le contact d'un producteur de renom, à qui j'ai envoyé mes meilleurs « instrus ». Par chance, il a écouté mon travail et m'a répondu dès le lendemain pour m'annoncer qu'il avait retenu l'une d'entre elles pour un rappeur très connu.

J'étais surexcité ! Quelques mois plus tard, un soir dans ma voiture en rentrant du dépôt de bus, j'entendis enfin le dit morceau à la radio. J'ai ressenti un sentiment de fierté immense ! Je venais de réaliser un rêve de gosse. Par la suite, j'ai pu placer d'autres « instrus » sur le marché du rap français mais, malheureusement, pas suffisamment pour que ma carrière décolle.

Découverte de l'immobilier

Pour résumer, début 2014, j'habitais à Igny dans le 91 et je vivais la vie de monsieur tout le monde, « métro-boulot-dodo ». J'étais dans une routine, bien installé dans ma zone de confort, ma copine, mon chien, mon chat, et des voyages une à deux fois par an. Même si la musique était ma passion première, j'avais besoin de quelque chose de plus concret à me mettre sous la dent. J'aspirais depuis déjà un bout de temps à devenir entrepreneur, bien que n'ayant pas décidé dans quel domaine. L'idée était en train de germer dans ma tête. Investir dans la pierre ou monter une entreprise, la porte restait ouverte. J'ai commencé par prendre un rendez-vous avec une banque pour connaître ma capacité d'emprunt dans l'éventuel achat d'une résidence principale, et j'ai découvert qu'avec mon CDI à la RATP je pouvais bénéficier d'un prêt immobilier pouvant monter jusqu'à 160.000 €.

Le déclic

Il interviendra quelques semaines plus tard, un jour en promenant mon chien dans les rues avoisinantes. En passant devant une agence immobilière, je suis tombé sur les annonces en vitrine d'appartements à vendre. En regardant les prix de plus près, un des appartements a attiré mon attention, un petit studio dans la même ville, mis en vente à 80.000 €. De prime abord, ça n'avait pas l'air d'être si cher. Sachant que je pouvais emprunter jusqu'au double, ma première réflexion fut d'envisager de l'acheter pour le mettre en location classique, puis d'attendre patiemment que mon locataire rembourse mon crédit, pour que dans 20 ans, il m'appartienne et me procure un complément de revenu.

Après une nuit à cogiter dessus, et n'ayant pas de base en investissement immobilier, par curiosité je suis passé à l'agence le lendemain matin pour poser des questions. Bien que l'appartement fût déjà vendu à un investisseur, l'agent immobilier m'a gentiment éclairé sur les possibilités d'acquérir un logement locatif. Il m'a expliqué, tableau à l'appui, comment faire un calcul de rentabilité [1]. Puis il m'a dit que la moyenne des rentabilités en Île-de-France est de 3% en location nue et 5% en location meublée. Tout de suite séduit par l'idée, je me suis

[1] Le rendement locatif est un indicateur clé de la performance d'un investissement immobilier. Il permet de déterminer le ratio entre la part des revenus locatifs annuels et le montant investi. Cet indicateur s'exprime en pourcentage.

renseigné plus en profondeur en faisant mes propres recherches sur Internet en rentrant à la maison.

Première recherche de biens (mars 2014)

Dans un premier temps, je suis tombé sur plusieurs articles attestant d'une rentabilité pouvant atteindre 8 à 10% pour la location de boxes et de places de parkings, soit le double de la location classique. Du coup, j'ai utilisé le site Leboncoin.fr pour consulter les offres. J'utilisais mon temps libre au travail, au terminus assis dans mon bus, pour réaliser la pige immobilière et répertorier les offres, envoyer des messages pour organiser des visites. Je commençais sérieusement à me visualiser en train d'investir. Pour me simplifier la tâche, au début, je visais essentiellement des places de parkings dans un rayon de 10 km. Je me souviens avoir été plein d'entrain pour l'une de mes premières visites, un lot de 5 places de parking non louées et mises en vente par un agent immobilier dans une résidence. Dans le but de trouver d'éventuels locataires, j'ai fait une rapide étude de marché et fait imprimer des prospectus avec l'inscription : *PLACE DE PARKING À LOUER POUR 50 € PAR MOIS*, déposés dans toutes les boîtes aux lettres de la résidence afin de tester la demande. Après une semaine d'attente et aucun appel, j'ai décidé de passer mon chemin.

Premier pas en tant qu'investisseur potentiel

Pendant les mois qui suivirent et malgré toutes les autres visites effectuées, je n'aboutissais à rien d'intéressant. Soit les places de parkings étaient abandonnées et en mauvaises conditions, soit tout simplement elles étaient mal localisées.

Je finis enfin par tomber sur quelque chose : une super affaire comprenant 4 grandes places de parkings côte à côte, très bien localisées, non loin de la station de RER « Laplace » dans le 94, mises en vente à 46.000 €. Le tout était déjà loué, pour

100 € par place. Mon idée était d'optimiser les places en ajoutant des traits au sol entre chacune d'elles pour y installer des emplacements pour motos et scooters. En tout, j'aurais eu 4 places pour voitures à 100 € et 6 places pour deux roues à 50 € chacune : soit un total de 700 € de loué. J'ai tenté de négocier son prix. Bien que le vendeur soit assez ferme, il a fini tout de même par descendre à 45.000 €. À sa demande et afin de le rassurer, j'ai pris rendez-vous avec la banque le lendemain matin pour obtenir un accord de principe.

Descriptif :

- Prix d'acquisition : 45.000 €
- Frais de notaire : 4.800 €
- Loyer : 700 €
- Mensualité : 250 € par mois sur 20 ans
- Rentabilité : 17%
- Apport : 0 €

Premier rendez-vous à la banque en tant qu'investisseur potentiel

J'ai soigneusement préparé mon dossier bancaire comprenant :

- Mes 3 derniers bulletins de salaire,
- Mes 3 derniers relevés bancaires,
- Ma pièce d'identité,
- Mon dernier avis d'imposition,
- Le tableau d'amortissement de mon crédit à la consommation (Volkswagen Polo),
- Un justificatif de domicile (hébergement à titre gratuit, puisque je prétendais vivre chez un parent pour éviter de

montrer mon loyer), et petit hiatus, je ne pouvais pas fournir de preuve de location des baux car le propriétaire les louait au black.

Mis à part le fait que je ne sois pas propriétaire de ma résidence principale, seule réelle réticence venant de l'établissement, la banquière m'a quand même imprimé un accord de principe constatant la bonne affaire.

Dans la douleur

Dans la foulée, j'ai pris ma voiture pour apporter le document au vendeur. Et sur la route, je reçu son appel pour m'annoncer que le bien avait été vendu quelques heures plus tôt, au prix initial et paiement comptant. Difficile de rivaliser dans ces cas-là. J'étais décomposé. J'ai quand même continué ma route pour lui parler de vive voix, mais bien que désolé, le vendeur m'a bien confirmé qu'il était trop tard. Mon premier vrai coup dur ! Après tous ces efforts, et si près du but, ce n'était pas facile de se faire siffler l'affaire sous le nez. Ça ne s'est joué à rien. Bien que douloureuse, ce fût une bonne expérience du terrain, et c'est en tombant que l'on apprend, c'est bien connu. J'appris dans les semaines qui suivirent à gérer mon amertume, et je repris mes recherches. Le mois suivant, je continuais de visiter des biens, souvent sans réelle conviction, mais je préférais rester actif et passer à l'action plutôt que de ne rien faire.

De retour à cheval

Je finis enfin par tomber sur une bonne annonce : 7 boxes à vendre, déjà loués à 100 € par place, localisés dans le 77, et mis en vente à 77.000 €, soit une rentabilité nette de 10%. Je décidai tout de suite d'appeler pour visiter le bien. Et j'ai bien fait, j'ai pu constater lors de la visite que tout était en parfaite condition. J'ai donc décidé de faire une offre à 70.000 € acceptée par le vendeur.

Nous avons tous deux signé le compromis de vente[2] chez son notaire deux semaines plus tard.

Descriptif :

- Prix d'acquisition : 70.000 €
- Frais de notaire : 6.500 €
- Loyer : 700 €
- Mensualités de prêt : 410 € par mois sur 20 ans
- Rentabilité : 10%
- Apport : 0 €

Banque : deuxième acte

J'ai pris rendez-vous avec deux banques pour leur proposer mon projet d'investissement locatif. J'ai monté le dossier au Crédit Agricole puis à la Caisse d'épargne, qui étaient toutes deux enthousiastes. Au bout de trois semaines d'attente, j'ai reçu un 1er email de refus de prêt pour la Caisse d'épargne. Surpris, je leur ai demandé quelles étaient les raisons d'une telle décision. Ils m'ont répondu que leur frilosité était due à plusieurs points : d'une part, mon compte était souvent dans le rouge et trop instable et d'autre part, je n'avais aucune épargne. Et visiblement, le gros point noir semblait être que je ne sois pas propriétaire de ma résidence principale. J'ai ensuite envoyé un courrier électronique au Crédit Agricole pour les relancer une première fois, mais ils m'invitaient à patienter. Toujours sans nouvelles, je les relançais durant des semaines entières, sans succès. Je finis par me rendre en personne à la banque et j'ai découvert avec effroi que le banquier en charge

---

[2] Un compromis de vente est un engagement ferme et définitif d'acheter et de vendre un bien immobilier à un prix et des charges convenues, sous réserve de l'accomplissement de diverses raisons suspensives, notamment que l'acquéreur obtienne un prêt, de base fixé à 45 jours. Si l'acquéreur ne veut plus acheter alors que toutes les conditions suspensives sont levées (prêt, etc.), le vendeur peut exiger de l'acquéreur le paiement d'une somme dont le montant est fixé dans la clause pénale du contrat, en général un montant fixé à 10% du prix de vente.

de mon prêt n'était plus en poste, et qu'ils avaient égaré mon dossier. Impossible de remettre la main dessus. Pour couronner le tout, ayant dépassé la date butoir d'obtention de prêt inscrite dans le compromis de vente, je reçus un courrier avec accusé de réception du vendeur. Comme le permet la loi, il me réclamait 10% du prix d'acquisition, soit 7.000 €. J'étais mal embarqué dans cette affaire et je devais trouver une solution. Pour éviter de payer ce montant, il me fallait une attestation de refus fournie par une banque. Un document que je n'avais pas réclamé à la Caisse d'Epargne, étant un peu trop confiant dans l'obtention du prêt au Crédit Agricole. J'ai repris contact avec La Caisse d'Epargne pour le récupérer, mais ne voulant pas me produire avec un document vieux de 3 mois, j'ai dû insister lourdement pour l'obtenir. J'ai donc envoyé en recommandé le papier au vendeur, mais il a refusé de le prendre en compte, prétextant que j'étais en retard. Son notaire m'a également contacté par email pour que je paye les 100 € relatifs aux frais de dossier, et je me suis exécuté. Puis, j'ai laissé passer l'orage pendant les jours qui ont suivi. Heureusement, je n'ai plus jamais eu de nouvelles de lui. Ouf !

Dur labeur

Résultat des courses, j'étais toujours bredouille. À cet instant, et à la vue de la réticence des banques pour me faire confiance, je pensais tout arrêter et continuer à la RATP sans broncher. De plus, ne bénéficiant d'aucun soutien moral, ça devenait extrêmement difficile de rester motivé.

Au pied du mur, je suis tombé sur une vidéo YouTube d'une personne qui recrutait des vendeurs pour ce qui semblait être un MLM[3], et je m'y suis intéressé.

[3] Multi Level Marketing (MLM) : Structure de réseau de vente dans laquelle les revendeurs (ou distributeurs) peuvent parrainer de nouveaux vendeurs, et être alors en partie rémunérés par une commission évaluée en pourcentage sur les ventes des recrues.

Cela me semblait être un bon moyen de réaliser un petit complément de salaire pour un moindre labeur et, un peu affaibli par mes mésaventures, je me suis laissé tenter. J'ai donc fait un crédit à la consommation de 5.000 € pour y participer. Pour faire court, j'ai passé six mois dans ce MLM puis, ne faisant pas de réelles recettes, j'ai décidé de récupérer ma mise de départ en laissant sur le site ce que j'avais avoisiné en recettes, approximativement 1.000 €. Quelques semaines plus tard, le site fermait sans prévenir. Je me suis fait avoir par une esbroufe qui n'était en fait qu'un système pyramidal de vente, et en rien un MLM traditionnel ! Tant pis, à part du temps, je n'avais rien perdu. Tant mieux.

Persévérance et formation

De nouveau au pied du mur, et cette situation ne pouvant plus durer, j'ai pris la décision de me former à l'immobilier et d'investir dans une formation professionnelle. Après une longue documentation sur Internet, j'ai opté pour la formation en acquisition de biens immobiliers proposée par un formateur expérimenté. Il proposait un pack complet sur l'investissement immobilier en général, avec une formation en ligne de plusieurs semaines, ainsi qu'un séminaire avec lui pour terminer. Le tout semblait très bien ficelé. J'ai pris mon courage à deux mains pour me lancer. N'ayant pas beaucoup de fonds, j'ai opté pour un paiement en trois fois.

Après avoir suivi sa formation à la ligne, j'étais maintenant focalisé sur les appartements. Tout avait changé dans mon état d'esprit. Je voyais beaucoup plus grand. La seule vraie question était de choisir le type d'investissement : la colocation, la location classique, la location courte durée, ou l'immeuble de rapport. Pour pouvoir prendre cette décision, il me fallait participer à son séminaire, histoire de matérialiser un peu plus mes ambitions. Une fois là-bas, au milieu d'une salle avec une centaine de personnes, j'ai compris instantanément qu'un changement était en train de s'opérer en moi, et je constatais l'ampleur des portes qui pouvaient s'ouvrir face à moi. Pour la première fois, je n'étais plus seul. J'étais face à des dizaines d'intervenants, tous plus intéressants les uns que les autres, et dont l'ambition et l'aura me mettaient dans un état d'effervescence et de confiance en moi jamais vécues.

Une idée de génie

De tous les intervenants énonçant différents types de locations et d'investissements, c'est tout particulièrement l'intervention d'un investisseur chevronné qui a captivé mon attention, en expliquant un calcul de rentabilité à haut rendement. Ce dernier consiste à créer deux biens ou plus, avec un seul bien. On appelle ça une division d'appartement. Pour permettre cette manœuvre, il faut créer un sas commun juste après la porte d'entrée afin de créer d'autres appartements à l'intérieur. Les appartements les plus propices à ce type d'investissement sont appelés « traversant », avec des fenêtres tout du long qui permettent d'ajouter un ou des murs tout en créant de nouvelles pièces. C'est un investissement de niveau intermédiaire, comportant des travaux importants pour aménager les évacuations d'une part, puis créer un espace viable. Ce que j'en ai retenu, c'est que la division d'un appartement pour une mise en location courte durée engendre un cocktail explosif de rentabilité. Dans son cas précis, il dégageait un SMIC par mois en cash-flow[4] avec un seul investissement.

Grosso-modo, c'était exactement le type d'investissement vers lequel me diriger pour arrêter de travailler le plus rapidement possible. En plus de boire ses paroles, j'ai pris des notes pour ne rien oublier de sa présentation.

À la sortie du séminaire, stimulé par tous ces témoignages d'investissements à succès, j'étais gonflé à bloc, et plus que jamais motivé pour investir dans la location courte durée.

[4] Bénéfice net de votre bien après avoir payé toutes les charges (sauf impôts).

Où investir ?

Une fois ma formation complétée, j'ai donc décidé de me focaliser sur la division d'appartement pour la recherche d'un bien à acheter. En premier lieu, il me fallait choisir la ville dans laquelle investir. Paris et sa banlieue étant trop onéreuse, il était donc important de réfléchir à une alternative. J'ai pris la carte de France, et j'ai tracé au compas un rayon de 250 km autour de la capitale. Ensuite, j'ai répertorié les villes ayant suffisamment d'habitants, pouvant aussi avoir un attrait touristique, et/ou étudiants par exemple. J'ai noté les villes à deux-trois heures de route en voiture ou en train. D'abord, pour pouvoir faire des visites de biens facilement, puis plus tard, afin de simplifier l'aspect logistique nécessaire au suivi de ma propriété, comme organiser des travaux et aménager mon appartement.

Une fois les villes choisies, j'ai lancé des études de marché pour de la location courte durée. Pour ce faire, j'ai simplement fait des annonces fictives sur Leboncoin.fr. J'ai utilisé des photos d'appartements similaires à ce que je recherchais, téléchargées sur Google Images, puis j'y ai ajouté un descriptif adéquat à la location courte durée, sans oublier de mentionner mon numéro de téléphone portable dans le but de commencer à me former au contact client.

Suivant les villes, je recevais plus ou moins d'appels, mais une ville en particulier sortait du lot. J'ai décidé alors de noter sur un grand calendrier mural toutes les dates où les clients souhaitaient réserver dans cette ville, pour établir une étude de marché scrupuleuse. Pendant six mois, je répondais à mes potentiels locataires que l'appartement n'était plus disponible sur les dates qu'ils avaient choisies.

Au même moment, je continuais à travailler d'arrache-pied pour me former au maximum sur l'immobilier et me forger un mindset[5] en béton. Je dévorais des dizaines de livres consacrés au sujet. Il était primordial pour moi de mettre toutes les chances de mon côté en restant positif et motivé, en toutes circonstances.

Premier pas dans la région

Au bout du semestre, j'ai décidé de me rendre sur place pour commencer à prospecter les appartements et surtout, aller à la pêche aux informations sur la ville. J'ai fait un premier aller-retour pour me rendre à l'office du tourisme afin d'obtenir un plan. Puis je me suis concentré sur les différentes agences immobilières ayant des biens intéressants à vendre sur Leboncoin.fr pour prendre rendez-vous dans la foulée. Chaque agence m'a gentiment éclairé sur la ville et ses quartiers. Je suis rentré chez moi avec pas mal de contenu, et une idée plus précise des endroits à éviter pour diriger mes recherches. Une semaine plus tard, j'avais pris plusieurs rendez-vous sur la journée.

Rendez-vous avec une agence immobilière et premières visites d'appartements

Mon premier rendez-vous était avec un jeune agent immobilier avoisinant la trentaine, lui-même investisseur et propriétaire de 30 appartements. Je lui ai exposé mon projet d'achat d'un appartement permettant la division. Comme par magie, il avait exactement ce que je recherchais. Un local commercial à l'abandon de 55 m² mis en vente pour 55.000 € (soit 1.000 €/m² dans un quartier où le prix du mètre oscille entre 2.500 et 2.700 € le m²), avec bien sûr la possibilité de le diviser en deux studios. Cerise sur le gâteau : il était très bien localisé. Nous sommes partis visiter le bien directement. C'était un très ancien local commercial, qui offrait la possibilité de réaliser une entrée sur rue, en lieu et place de l'ancienne vitrine, et une

---

[5] Mindset : La mentalité / ou l'état d'esprit en français.

deuxième entrée potentielle à l'intérieur au rez-de-chaussée dans les parties communes. À cette époque, n'ayant pas d'artisan dans mon réseau, je me suis tourné vers l'agent pour qu'il me recommande quelqu'un pour entreprendre les travaux. Il m'a transmis le contact d'un artisan, puis j'ai décidé de faire mes propres recherches afin d'établir plusieurs devis. J'ai démarché deux autres artisans locaux. Devant reprendre le travail le jour suivant, l'agent immobilier a été très compréhensif et m'a offert de présenter les lieux aux différents artisans en mon nom. Le reste de mes visites de la journée n'aura pas été concluant.

Au retour des artisans une semaine plus tard, deux des trois devis étaient équivalents, avoisinant les 50.000 € de travaux, alors que le dernier, lui, proposait quasiment le double. Je devais donc effectuer un choix entre les deux meilleures offres. J'ai donc demandé à chacun des artisans si je pouvais visiter l'un de leurs chantiers pour me faire un avis plus définitif. Seul un des deux a pris la peine de revenir vers moi. Suite à son invitation, je me suis rendu sur un chantier en cours, un appartement en rénovation touchant à sa fin. J'ai été séduit par la qualité du travail de son équipe.

Comme il m'avait invité à déjeuner, l'occasion était parfaite pour embrayer sur mon projet et qu'il m'explique mon futur chantier en détail. J'ai eu un bon feeling avec lui, mais ce qui m'a convaincu, c'est surtout de vérifier son expertise en la matière, étant lui-même propriétaire de 4 investissements locatifs. Je me suis senti entre de bonnes mains et j'ai donc décidé de faire appel à ses services pour les travaux.

Première offre

J'ai fait une première offre agressive de 40.000 €, envoyée par email à l'agence, dans le but de baisser le prix du local. Cette offre n'est pas passée et le vendeur n'a même pas fait de contre-offre. J'ai donc renvoyé une seconde offre à 47.000 €. Le vendeur m'a alors proposé de descendre son prix à 50.000 €, ce que j'ai accepté. Avec un prêt sur 20 ans, cela représente 580 € de mensualités. J'ai fait une étude de marché sur les locations de courte durée : en partant sur 20 nuitées par mois et par appartement, en basant le prix de la nuit à 49 €, je dégageais quasiment 2.000 € par mois de chiffre d'affaires (CA). En déduisant le crédit plus les charges, il me resterait environ 1.000 € par mois de cash-flow : une affaire en or, surtout dans le cadre d'un premier achat.

Le vendeur ayant fait rédiger le compris de vente chez son notaire, je me suis rendu dans son cabinet pour y signer les documents. J'ai réglé les 400 € de frais de rédaction d'acte de vente, déductibles du prix d'achat du bien si la vente se concrétise (en cas de refus, cette somme n'est pas remboursable). Dans notre cas précis, nous avons décidé d'ajouter aux raisons suspensives la condition que la mairie accepte les changements de destination du local commercial en hébergement touristique, ainsi que le changement de façade, pour que la vente soit validée. Sachant qu'il y a au minimum deux mois de latence en mairie pour ce type de demande, nous avons fixé une date butoir à quatre mois, en lieu et place des traditionnels 45 jours.

Voici les chiffres de ce bien en détail :

- Prix d'acquisition : 50.000 €
- Frais de notaire : 5.000 €
- Travaux : 45.000 €
- Mobilier : 10.000 €
- Mensualités de prêt : 580 € par mois sur 20 ans
- Rentabilité : 20%
- Apport : 0 €

Remettre de l'ordre dans mes finances

J'ai donc voulu bien faire les choses bien et j'ai mis les bouchées doubles pour obtenir rapidement tous les accords en mairie. Je me suis occupé de toute la « paperasse » administrative relative au changement de statut du local, puis j'ai mis ma Volkswagen Polo sur Leboncoin.fr pour tenter de récupérer un peu de trésorerie et faire bonne figure devant les banques. Dans le rush, j'ai accepté une offre de 9.500 € pour la voiture, un vrai crève-cœur car j'y étais très attaché, mais le jeu en valait la chandelle : mes comptes étaient enfin dans le vert. Fin prêt, j'ai commencé à faire le tour des banques pour soumettre mon projet, et pour mettre toutes les chances de mon côté, j'ai pris deux courtiers dans deux régions différentes afin d'élargir mes recherches. Dans le but d'optimiser mes chances de réussites, j'ai pris rendez-vous avec cinq banques différentes. Pendant que j'attendais les réponses de tout ce beau monde, je me rendais plusieurs fois sur place et commençais les plans des deux studios avec mon artisan, et réfléchissais au choix des matériaux à utiliser pour équiper les appartements.

Négatif, mon caporal !

Quelques semaines plus tard, j'ai enfin reçu les réponses des banques et des courtiers, toutes négatives, malheureusement.

Voilà les trois points récurrents expliquant leur refus :

- Mes comptes étaient inscrits dans une banque en ligne. Je n'ai jamais vraiment compris en quoi cela les gênait puisqu'après obtention du prêt, je proposais de domicilier mon salaire et mon épargne chez la banque prêteuse.

- Trop de travaux à financer. Certaines banques peuvent faire preuve de réticence lorsque l'on dépasse 30% du prix d'acquisition en termes de travaux.

- Pas de résidence principale.

Nouveau stratagème

Évidemment, je n'ai pas baissé les bras pour autant. Avant de prendre rendez-vous avec d'autres organismes, j'ai changé de stratégie pour la présentation de mon dossier bancaire. J'ai supprimé un point, visiblement important aux yeux des banques : celui de ne pas être propriétaire de ma résidence principale. En vue de la division en deux studios, j'ai expressément formulé à la banque que j'allais en garder un pour en faire ma résidence principale, tout en argumentant sur le fait qu'un seul appartement suffirait à rembourser les mensualités de mon crédit.

Débandade

Cette fois, j'ai démarché huit banques, incluant aussi des banques en ligne. La suite est un long jeu de patience et de déception, qui débouchera sur huit refus bancaires étalés sur le reste de temps que j'avais pour trouver un prêt.

Désespéré, j'ai contacté le vendeur pour obtenir un avenant de deux mois sur le compromis de vente afin de rallonger la durée d'obtention de prêt. Dans un baroud d'honneur, j'ai de nouveau sollicité deux autres courtiers et approché cinq nouvelles banques. Tout cela en vain, car aucun établissement bancaire n'a daigné me suivre sur mon projet. Il était temps de renoncer. Ironie du sort, la mairie m'avait entre-temps accordé toutes mes requêtes, pour un projet désormais mort dans l'œuf.

Ma déception fût tellement intense que j'ai failli perdre pied et tout envoyer valser. Tous ces mois de travail et d'efforts vainement gaspillés pour n'aboutir à rien, sans compter que je devais assumer cet échec cuisant sans aucun réel soutien. Je commençais à ne plus y croire. J'ai laissé passer l'orage, de même que l'été 2016, pour faire le vide et prendre du recul. Il m'a fallu plusieurs mois pour m'en remettre, sans aucune garantie de reprendre le train en marche.

De l'eau a coulé sous les ponts

L'automne suivant, j'ai reçu un message de l'agent immobilier qui s'occupait de moi sur le précédent projet. Il me proposa un local commercial à la vente dans un très bon quartier, pour un prix très raisonnable. J'ai immédiatement saisi ma chance et j'ai sauté dans ma petite Clio 2, direction l'agence. Pendant le trajet, j'ai appelé l'artisan pour qu'il vienne estimer les travaux. Arrivés sur place, nous avons pu commencer la visite du local : une grande pièce de 33 m² avec une hauteur sous plafond de 3 mètres, sans autre équipement que des toilettes. Pour aménager l'espace afin de le rendre habitable, il me fallait créer une chambre, une salle de bain, et une cuisine. Une fois l'estimation de mon artisan faite, puis mon calcul de rentabilité projeté sur un an, j'ai de suite fait une première offre. Le prix initial était de 62.000 €, j'ai proposé 40.000 €. Il s'agissait d'une offre un chouïa indécente, je le concède, mais pas dénuée de sens puisque le bien était en vente depuis un an déjà. Mon offre a été refusée car le vendeur ne considèrerait pas la vente en dessous de 52.000 €. J'ai tout de même tenté l'offre à 47.000 €, sans succès, et j'ai donc accepté de monter à 52.000 €.

On met le paquet

J'ai instantanément opéré le processus de changement de destination en mairie, afin de me libérer de toute autre contrainte que de me retrouver nez à nez avec ma pire ennemie, la banque ! Pour être honnête, je ne pouvais plus les voir : mon appréhension était telle que j'avais des haut-le-cœur rien qu'en m'imaginant devoir passer le pas de leur porte. J'ai donc décidé de commencer par les banques d'Ile-de-France. Comme à mon habitude, j'avais soigneusement préparé tous les documents nécessaires à une demande de prêt, sauf que cette fois, j'allais agir différemment, en abordant désormais le projet en tant que résidence principale. Dans ce cas précis, j'avais également moins de frais de travaux en prévision.

La première banque démarchée, la Caisse d'épargne (Île-de-France) trouvait suspicieux que je souhaite obtenir ma résidence principale à deux heures de trajet de mon lieu de travail. Pour couvrir mes arrières et renforcer mon propos, j'ai expliqué que je travaillais seulement 4 jours sur 7 sur Paris, où je dormais chez mes parents, et que j'avais dans l'idéal l'envie de m'installer dans la région pour les trois jours restants, dans mon chez-moi. J'ai également appuyé sur le fait que le prix de l'immobilier n'étant pas abordable sur Paris, je n'avais guère d'autre choix que de m'excentrer un peu plus loin pour acheter. J'ai senti que je touchais du doigt une stratégie pertinente et que j'avais enfin ouvert une brèche dans ma négociation avec la banque.

Comme galvanisé par mon premier rendez-vous de la journée, j'ai ensuite traversé la rue pour me rendre à la Banque Populaire, et y ai fait exactement la même chose. Sans un faux pas, j'ai fait résonner chaque mot avec assurance pour que mes phrases fassent sens, avec simplicité. Cette fois-ci, la banque était toute ouïe : contre toute attente, la conseillère a même pris la décision de m'accorder un accord de principe pour financer mon projet. J'avais enfin gagné la confiance d'une banque ! Quelle délivrance !

C'est bon, c'est passé !

Je ne saurais pas comment expliquer l'état d'effervescence dans lequel je me suis senti. Sans mettre la charrue avant les bœufs, vu que ce n'était qu'un accord tacite, j'avais tout de même un très bon pressentiment. De plus, la Banque Populaire offrait quelques avantages pour les fonctionnaires, comme les frais de dossier et des taux d'intérêt avantageux par exemple.

Un mois plus tard, la Caisse d'Épargne a repris contact avec moi pour m'annoncer qu'elle était prête à me financer elle aussi, et qu'elle me donnait une semaine pour leur répondre. J'ai enfin pu laisser éclater ma joie ! J'ai relancé la Banque Populaire pour savoir où en était le dossier, et la conseillère m'a stipulé qu'elle allait recevoir la réponse définitive d'ici les deux prochains jours. Quelques jours plus tard, elle m'a rappelé pour me confirmer l'acceptation de mon crédit chez eux. Magique, tout se déroulait exactement comme je le souhaitais.

Après une vingtaine de refus bancaires, et deux longues et éprouvantes années à travailler d'arrache-pied sans jamais renoncer à mon rêve, j'allais enfin entrer dans le grand bain des investisseurs !

La tour Montparnasse entrepreneuriale

En octobre 2016, un événement Facebook attirait tout particulièrement mon attention : la « Business connexion » avait lieu au dernier étage de la tour Montparnasse dans Paris. Je débordais d'excitation à l'idée de me retrouver avec plus de 200 investisseurs et entrepreneurs de tous bords qui venaient pour se rencontrer et échanger. Arrivé au sommet de la tour, la réception se déroulait dans une pièce gigantesque. A l'entrée, il fallait choisir son bracelet de couleur pour indiquer dans quel type d'investissement vous étiez.

Rouge : immobilier,

Jaune : Bourse,

Vert : business en ligne,

Violet : business en dur,

Orange : MLM

En un coup d'œil, vous saviez quels sujets aborder avec vos interlocuteurs du soir. Sur la scène, défilaient un à un des orateurs de talent, des intervenants d'horizons différents venus nous parler de leurs investissements. Il y avait une énergie incroyable ! Ce soir- là, j'ai fait des rencontres exceptionnelles et notamment, commencé à établir mon réseau. Ce fut une super expérience qui m'a permis de voir l'envers du décor et de découvrir le monde des investisseurs et des entrepreneurs de l'intérieur. Telle une cure de jouvence, j'étais plus que jamais gonflé à bloc pour poursuivre mes objectifs sans relâche.

Obtention de mon premier bien immobilier

Une fois les papiers du prêt signés, j'ai laissé s'écouler encore deux semaines avant que le changement de destination en mairie, de local commercial à hébergement touristique, soit lui aussi approuvé. Tous les feux au vert, nous avons fixé un rendez-vous chez le notaire pour la signature, fin novembre 2016.

La signature de l'acte final actée, je recevais en main propre mon premier trousseau de clés. Je les ai transmises à mon artisan le soir même de manière à ce qu'il démarre les travaux au plus vite. Nous avions décidé de faire des travaux à hauteur de 20.000 € étalés sur 4 mois. Pour rappel, la banque finançait l'intégralité de ce projet.

Voici les chiffres en détail du bien n°1 :

- Acquisition : 52.000 €
- Frais de notaire : 5.000 €
- Travaux : 20.000 €
- Meubles : 7.000 €
- Mensualité de prêt : 317 € par mois sur 25 ans
- Apport : 0 €

On enchaîne avec un séminaire sur l'immobilier

En décembre 2016, se déroulait sur Paris, le séminaire Immo Exigeant, organisé par Guillaume et Emilie. Les intervenants étaient de qualité et l'ambiance générale très réussie. À cette occasion, j'ai pu faire une très bonne rencontre, celle de Goulwenn Tristant.

L’aspect logistique et le suivi des travaux

Après recherches sur internet, j’ai fait appel à un décorateur pour l’appartement. Il m’a envoyé de superbes plans en 2D/3D de son agencement, qui ont servi de plan de route pour la réalisation des travaux. Les photos m’ont également permis de poster mon annonce sur Leboncoin.fr afin de commencer à prendre des réservations pour l’été 2017. Si tout se passait comme prévu, l’appartement pourrait être fin prêt courant mars. J’ai toutefois préféré prendre un peu de marge, afin d’éviter toute déconvenue, en ouvrant mes réservations clients à partir du mois de juillet.

Entre temps, j’effectuais le trajet deux fois par mois pour suivre de près l’avancée des travaux en personne. Mon artisan me faisait aussi parvenir des vidéos et des photos quand je me trouvais sur Paris.

Rendez-vous à l’apéro

En janvier 2017, je participais à mon premier « Apéro Immo » organisé par Xavier, Guillaume et Emilie. Ce sont des networking payants qui prennent place dans des grands appartements loués spécialement pour l’occasion.

L’événement se tient toujours sur Paris, et l’on y fait la rencontre d’une foule de personnes qui investissent ou qui souhaitent investir dans l’immobilier. Entre les petits fours et les boissons rafraîchissantes, on se crée son réseau, rencontre de potentiels futurs partenaires, et on y apprend un bon nombre de tuyaux sur l’immobilier. Au sortir de cette soirée, j’étais impatient de participer au prochain événement. En tout, je me suis joint à eux à hauteur de sept fois entre 2017 et 2018.

Bienvenue au club

Le club des investisseurs parisiens se tient tous les mois sur Paris. Axé sur l’immobilier, on y retrouve des investisseurs débutants et confirmés, mais pas seulement, puisque l’on peut aussi y rencontrer des entrepreneurs. J’étais présent à celui du mois de février et l'expérience fut assez plaisante. J'ai participé à cinq de leur networking entre 2017 et 2018.

Première réservation

Arrivé mi-mars et les travaux avançant à la vitesse grand V, j'ai lancé toutes les commandes de livraison pour meubler les lieux, du canapé aux ustensiles de cuisine, que mon artisan prenait le soin de réceptionner pour moi. Fort de notre excellente relation, je profitais assez largement de son aide. Cela tombait à pic puisque je n'avais d'autre choix que de tout faire à distance, étant toujours en poste à la RATP.

J'ai reçu une première réservation sur Leboncoin.fr pour le mois d'août complet. J'ai expliqué au client que les plans vus sur le site n'étaient pas définitifs et il a demandé à voir les lieux en amont, avant de valider et de me payer un acompte de 50%. J'ai organisé un rendez-vous sur place pendant le week-end. Malgré les travaux en cours, le client a validé son séjour.

J'avais reçu mon tout premier encaissement : une entrée d'argent autre que mon salaire, et je récoltais pour la première fois le fruit de tous mes efforts et cela, avant même que les travaux soient achevés.

Encore de la logistique

Fin mars, nous étions dans les temps et les travaux touchaient à leur fin. Il me fallait à tout prix une personne pour gérer les « entrées - sorties » ainsi que le ménage et le linge, soit l'une des parties les plus délicates de la location courte durée. La ville dans laquelle j'ai investi n'ayant pas de conciergerie, j'ai lancé une annonce de recherche de gestionnaire pour mon appartement. En l'espace d'une semaine, je reçu sept demandes. J'ai sélectionné le meilleur profil après avoir effectué une série d'entretiens successifs durant la même journée.

Une fois les travaux terminés, il ne me restait plus qu'à installer les meubles et à fignoler les derniers détails. Le décorateur est venu prendre des photos professionnelles pour ma nouvelle annonce, que je me suis empressé de mettre sur toutes les plateformes de réservation par internet. J'ai installé sur mon téléphone toutes les applications correspondantes afin d'être notifié en temps réel.

Inquiétudes

Après deux jours d'attente interminable, je n'avais reçu aucune réservation. Presqu'une semaine de passée et toujours rien. Je commençais sérieusement à m'inquiéter. Le crédit ne tardant pas à commencer, j'ai senti la pression monter d'un coup. Puis, le 8e jour, j'ai enfin reçu une réservation, mais seulement pour une nuit. J'ai alors commencé à imaginer le pire. Avais-je fait le bon choix avec la location courte durée ?

Une fois cette première nuit passée, j'ai reçu une notification sur mon téléphone, que je me suis empressé de consulter : j'ai découvert avec bonheur la note que l'on m'avait attribuée : 10 sur 10. Dans les jours qui suivirent, les réservations tombèrent enfin par dizaines. Une fois la machine lancée, j'ai laissé l'intégralité de la gestion de l'appartement à mon gestionnaire, pour me consacrer à de nouvelles recherches de biens à acheter.

Vie de couple et entrepreneuriat

Ma compagne de l'époque n'avait pas du tout le même objectif que moi. Plus terre-à-terre, elle n'avait pas d'ambition entrepreneuriale. Lorsque j'ai découvert que l'immobilier était accessible à tous et qu'il était possible de devenir libre financièrement par ce biais, elle avait beaucoup de mal à y croire. Comme beaucoup de personnes, bloquée par ses croyances limitantes. Pour qu'elle me suive et participe, je lui parlais de tout ce que je faisais, et tentais qu'elle se sente concernée et investie, mais sans succès. Vu que je dédiais la majeure partie de mon temps libre à mon projet, entre formations, recherches de biens, études de marchés, séminaires, ou networking, un écart s'est peu à peu creusé entre nous. Malgré tous nos efforts, nous n'avancions plus ensemble, et nous nous sommes séparés après sept ans de vie de couple.

Se diversifier

Ne voulant pas mettre tous mes œufs dans le même panier, j'ai cette fois- ci prospecté pour des immeubles de rapport, dans un rayon de distance de 3h depuis Paris. Plusieurs visites effectuées, j'ai flashé sur une offre dans le nord de la France : un immeuble de trois logements de type F3, tous vacants, et un local commercial donnant sur rue. L'agence Orpi en était le locataire et l'agent immobilier. Le prix affiché était de 225.000 €. Des travaux étaient à prévoir, mais pas de gros-œuvre. Après calcul de rentabilité et de cash-flow, j'ai fait une offre très sérieuse de 175.000 €, soit tout de même 22% de rabais. Ma rentabilité nette était de 12% à ce prix-là, et cela me paressait malhonnête de payer plus. Le directeur de l'agence m'a quasiment ri au nez, en me disant que ça ne passerait jamais, mais étant sûr de mon coup, j'ai insisté pour qu'il la propose en l'état au vendeur. Dans un premier temps, le vendeur m'a fait une contre-offre à 215.000 € que j'ai refusée, expliquant pourquoi je n'avais pas l'intention de changer d'avis en vue du calcul de rentabilité. L'agence a ensuite a relancé le vendeur quelques jours après, et ce dernier a accepté. Le directeur de l'agence n'en revenait pas. Je me suis déplacé à nouveau sur place pour signer le compromis de vente, et il m'a glissé à l'oreille que s'il avait su, il l'aurait acheté lui-même. Pas peu fier de ma négociation, je repartis tranquillement avec les documents en poche, en direction de ma banque pour faire une demande de crédit. Le rendez-vous s'est très bien passé, et le banquier semblait emballé par mon projet. Il n'y avait plus qu'à attendre une réponse définitive.

Deux semaines plus tard, l'agence m'a appelé pour me faire savoir qu'elle allait bientôt déménager, et me mettait en garde quant à la mise en location du local à l'avenir. Selon eux, il serait très difficile de trouver preneur. L'agence étant la seule source de revenu de l'immeuble au moment de l'achat, j'ai un peu paniqué. À chaud, j'ai appelé ma banque pour leur demander un refus de prêt écrit pour pouvoir sortir du compromis de vente sans frais et sans prise de risque.

La main dans le sac

Plusieurs semaines s'écoulèrent, et je ne pouvais m'empêcher d'y repenser : après une longue réflexion, je me suis mis à suspecter un coup monté du directeur de l'agence Orpi. Pour m'évincer du projet que j'avais négocié à moindre frais, il aurait mis en place un scénario catastrophe, de manière à me faire peur et ce dans le but d'en profiter lui-même. Mais de toute façon, il n'était plus temps de revenir en arrière. Pour la petite histoire, j'ai vérifié un an après si ma théorie tenait la route et, sans surprise, l'agence était toujours domiciliée au même endroit. Comme on dit, un échec n'est un succès que si l'on en retient quelque chose !

Toujours plus de visites

Par la suite, j'ai effectué une quinzaine de visites d'immeuble de rapport dans le nord de la France. J'avais beau mettre du cœur à l'ouvrage, je ne trouvais pas vraiment chaussure à mon pied. Soit les locataires en place ne m'inspiraient pas confiance, soit les bâtisses étaient en trop piètre état ou alors les villes en question ne me plaisaient pas. Sachant que mon 1er logement fonctionnait vraiment bien et que je ne voulais plus perdre du temps, je suis donc retourné dans la région pour concentrer mes recherches sur de la location courte durée. Jongler entre ma semaine de travail et mes week-ends consacrés à l'immobilier me demandait de plus en plus d'efforts. J'ai donc organisé huit visites d'appartements sur la même journée pour optimiser mes chances de réussite. Une fois celle-ci terminée, j'avais des vues sur deux studios de 20 m² chacun, appartenant à la même agence. Le premier coutait 42.000 € et le second 46.000 €. J'ai pesé les pour et contre et le soir même, j'ai fait deux propositions de 32.000 € pour chacun d'eux. Afin de justifier mes offres, j'ai insisté sur le fait qu'il y avait beaucoup de travaux à prévoir. Le lendemain matin, l'agence m'a contacté pour m'informer que la 1ère offre était acceptée, et que le second propriétaire me faisait une contre-offre à 40.000 €. Ce prix me semblant encore trop élevé, j'ai fait une dernière offre à 36.000 € en stipulant que c'était à prendre ou à laisser. Puis le vendeur a accepté le jour même.

J'ai directement enchaîné sur une contre-visite avec mon entrepreneur pour faire une estimation plus précise des travaux. Sur le premier, 15.000 € de travaux et le second, 9.000 €.

C'est reparti

Instantanément, l'agence s'est chargée de rédiger les compromis de vente et j'ai pu les signer sans attendre. J'ai de nouveau rapidement pris contact avec plusieurs banques. Lors du premier rendez-vous, j'étais très agréablement surpris de faire la rencontre d'un conseiller bancaire de la Caisse d'Épargne très à l'écoute. Malgré une petite boule au ventre en arrivant, mon stress s'est dissipé comme par magie au bout de quelques minutes passées avec lui. Ainsi, je lui ai fait part de mes deux projets. Je lui ai expliqué que j'avais acheté ma résidence principale il y avait quelque mois de cela, et que je souhaitais désormais me lancer dans l'investissement locatif. J'ai exposé mon projet avec aisance, expliquant que j'allais louer mes appartements meublés aux étudiants de la ville, tout en installant une décoration et un ameublement haut de gamme, pour me permettre de louer plus cher que le loyer du marché. Soit près de 450 € de loyer au lieu de 350 € généralement proposés pour un appartement banal. Comme lors de mon 1er achat, j'ai fait appel au même décorateur pour me fournir les plans en 2D/3D. Je les ai ensuite montrés au banquier afin qu'il puisse visualiser mon futur aménagement.

Rendez-vous avec la banque : une seconde nature

Le jour même, le banquier a monté mes 2 dossiers, sans rechigner. Toujours en ma présence et à ma grande surprise, il m'annonça de vive voix que les financements étaient acceptés. L'espace de quelques instants, j'ai été un peu décontenancé. Le temps de reprendre mes esprits, je lui ai demandé pourquoi le dossier ne passait pas par la direction d'abord, puis par le siège ensuite pour la validation. Il m'a répondu qu'il n'avait pas besoin de déléguer pour prendre une décision de prêt. Et cerise sur le gâteau, il m'a appris à faire ce que l'on appelle « un différé partiel », ce qui me permettrait de ne payer que les intérêts d'emprunt et l'assurance. Fort de cette relation de confiance avec mon interlocuteur du jour, j'ai décidé de jouer le coup à fond, et de lui parler de mon envie de continuer à investir. Il m'a répondu que dans l'éventualité où je lui rapporterais « une bonne affaire », il serait prêt à me suivre. Difficile de faire meilleur rendez-vous à la banque !

Voici les chiffres en détail des biens n°2 et n°3 :

1er studio :

- Acquisition : 32.000 €
- Frais de notaire : 3.000 €
- Travaux : 15.000 €
- Meubles : 3.000 €
- Mensualité de prêt : 260 € par mois sur 20 ans

2ème studio :

- Acquisition : 36.000 €
- Frais de notaire : 3.000 €
- Travaux : 9.000 €
- Meubles : 3.000 €

- Mensualité de prêt : 230 € par mois sur 20 ans

Larguer les amarres

Les jours suivants, sentant que j'avais le vent en poupe, j'épluchais les annonces à nouveau, dans le même secteur. Une fois quelques biens sélectionnés, j'ai programmé mes visites. J'ai rencontré un particulier qui vendait « *une division d'appartements* », soit un ancien appartement de 40 m² divisé en deux studios, loué par deux étudiants. Le prix affiché par le vendeur était de 95.000 €. Chaque loyer étant de 400 €, ça lui faisait 800 € mensuels au total. Suite à cette visite, j'étais décidé à faire une offre en deçà du montant proposé, mais je ne voulais pas être trop brut de décoffrage, pour ne pas froisser le vendeur. J'ai opté pour une stratégie un peu moins offensive, puis je l'ai invité à boire un verre pour sympathiser.

Étant lui aussi investisseur, nous avons parlé d'immobilier, calcul de rentabilité, et du fait que, dans mon cas, il me fallait au minimum 10% pour que je sois intéressé par un bien, ce qui m'a permis d'amener gentiment mon offre à 80.000 €. Dans un premier temps, il ne souhaitait pas descendre son prix, alors j'ai insisté sur le fait que la banque me suivait, que j'avais un apport conséquent (ce qui était faux), puis il a réfléchi et m'a serré la main pour accepter. Un mois s'était écoulé depuis mon dernier rendez-vous à la banque, et il était temps d'y retourner, avec ce très bon projet.

On prend les mêmes et on recommence

Content de retrouver mon banquier, je lui proposais mon affaire comprenant deux appartements, avec une garantie car déjà loués par deux étudiants. Surpris de me voir aussi rapidement, il décida de monter le dossier, mais cette fois au motif que mes investissements allaient très vite, il devait passer par son directeur. Une semaine plus tard, la décision était prise et la banque allait me financer de nouveau !

Voici les chiffres en détail des biens n°4 et n°5 regroupés :

- Acquisition : 80.000 €
- Frais de notaire : 8.000 €
- Travaux : 10.000 €
- Meubles : 0 €
- Mensualité de prêt : 480 € par mois sur 20 ans

Résultats des courses

En l'espace de quelque mois, j'étais passé de 0 à 5 appartements, et les années à faire chou blanc étaient bel et bien derrière moi. J'avais appris de mes erreurs et surtout, compris le fonctionnement de la banque. Sans l'aide d'un banquier pour parvenir à mes fins, il était difficile d'avancer dans un projet d'investissement locatif.

La machine était enfin lancée. Je souhaitais la faire tourner à plein régime et rattraper le temps perdu. J'ai repris ma routine au travail, ainsi que mes recherches. Comme d'habitude, j'utilisais mes temps de pause et heures creuses pour effectuer la pige immobilière sans relâche. Une, deux, trois semaines s'écoulèrent, et aucun bon plan à l'horizon. Je commençais à bien connaître le terrain et pouvais, au premier coup d'œil puis de téléphone, repérer une bonne affaire. Il me fallait être patient. Les mois passèrent, et toujours rien à me mettre sous la dent.

Sur de bons rails

Puis arriva enfin la délivrance : un matin au réveil, je suis tombé sur non pas une, mais deux superbes affaires ! Deux appartements de type F2, de 35 m² sur le même palier, à vendre pour 54.000 € chacun, sans travaux nécessaires et déjà meublés. J'ai contacté le vendeur pour avoir davantage d'informations, et il m'a expliqué qu'il vendait à la découpe chacun des appartements, car étant en possession de tout l'immeuble. Par contre, le vendeur était débordé d'appels et de visites. Je devais agir vite. Vu que je ne pouvais me rendre disponible pour visiter le bien, j'ai préféré envoyer sur place le gestionnaire qui s'occupait de mon local commercial, de manière à ce qu'il prenne des vidéos et des photos. Une heure plus tard à peine, je recevais les données nécessaires pour juger de l'état des lieux. Tout me semblait parfaitement en ordre, j'ai donc décroché mon téléphone et j'ai fait une offre à hauteur de 58.000 €. Oui, 4.000 € de plus par bien, sans même les avoir visités personnellement ! Je voulais absolument sécuriser cet achat, vu que tout me semblait parfait. Ma stratégie s'est avérée payante puisque le vendeur a accepté mes deux offres.

Les chiffres en détail pour le bien n°6 :

- Acquisition : 58.000 €
- Frais de notaire : 4.000 €
- Travaux : 0 €
- Meubles : 0
- Mensualité de prêt : 320 € par mois sur 20 ans

Les chiffres en détail pour le bien n°7 :

- Acquisition : 58.000 €
- Frais de notaire : 4.000 €
- Travaux : 0 €
- Meubles : 0
- Mensualité de prêt : 320 € par mois sur 20 ans

Une nouvelle technique d'approche

De là, commençait un autre problème à gérer : la banque. Lors de mon dernier emprunt, le banquier m'avait courtoisement expliqué qu'il ne pourrait plus me financer dans l'immédiat sur un projet, et qu'il fallait que j'attende que mes biens tournent pendant quelques temps avant de pouvoir emprunter de nouveau. Je devais donc trouver une autre solution bancaire.

J'ai posé une semaine de vacances, histoire d'être totalement disponible pour préparer mon dossier de la meilleure façon possible. J'avais pris rendez-vous avec dix établissements bancaires. J'ai expliqué, chiffres à l'appui, que mon bien n°1 tournait à plein régime en location courte-durée depuis 6 mois, et donc était extrêmement rentable. J'ai exposé la future rentabilité de mes biens n°2 et n°3, toujours en travaux certes, mais bientôt en location meublée dans un quartier à forte demande étudiante. J'ai également montré les derniers achats de mes biens n°4 et n°5, déjà loués, et avec une bonne rentabilité de 10%. Puis, j'ai fait un business plan en béton basé sur de la location courte-durée, que je projetais pour les deux biens pour lesquels j'étais décidé à obtenir un prêt.

Après un véritable marathon des banques, j'étais allé à l'essentiel avec chacune d'entre elles en présentant mon investissement avec aplomb et détermination. Sur les dix banques, j'ai essuyé neuf refus. Par chance, une d'entre elles m'a suivi. J'avais donc eu raison de voir large et de prendre mes précautions.

Une fois n'est pas coutume, je me suis rendu chez le notaire pour finaliser la vente et récupérer les clefs : j'étais propriétaire de deux nouveaux appartements. Tel un habitué et pour ne pas perdre une seconde de plus, j'avais pris de l'avance en mettant au préalable mes annonces sur internet et je commençais déjà à recevoir des réservations. La demande ne faisait qu'accroître et forcément, j'étais très satisfait de mon acquisition. En peu de temps, j'avais déjà un mois de réservé.

Maintenance

Puis, le 1er mois de location achevé, un problème est apparu dans l'un des appartements : une auréole tout autour du plafonnier de la salle de bain, et ce dernier baignait dans l'eau.

J'ai envoyé mon artisan pour le faire changer une première fois mais, comme le problème persistait, nous nous sommes rendus sur place pour en élucider la cause. Les deux appartements sont situés au dernier étage de l'immeuble, sous les combles, sans aucun accès au toit. Lors de ma visite, il m'était impossible de vérifier la toiture. J'ai donc demandé à mon artisan de faire un trou dans le plafond pour y jeter un œil. Là, nous avons découvert un petit velux en piteux état, qui laissait passer la pluie dans l'immeuble au niveau de mes cumulus, directement là où donne la salle d'eau. Étant donné le danger encouru par mes locataires, j'ai décidé d'annuler mes réservations pendant une semaine entière afin de sécuriser le toit et le plafond.

RATP comme Rentier à Temps Plein

En octobre 2017 était venu le temps de prendre ma retraite de chauffeur de bus. Je gagnais plus que mon salaire avec mes investissements et ce moment tant attendu n'était plus qu'une question de préavis. J'ai posé ma démission et quitté mes fonctions en novembre 2017. J'avais réussi quelque chose d'incroyable, j'avais enfin atteint la liberté financière.

Entre temps, les travaux de mes biens n°2 et n°3 terminés, je commençais leur mise en location courte durée. Il ne me restait maintenant que les n°4 et n°5 en location meublée, avec les deux étudiants en place, et j'attendais qu'ils finissent leurs études pour pouvoir y réaliser de petits travaux de réaménagement. Fin 2017, le 1er étudiant m'a envoyé son préavis, et le 2e quelques mois plus tard, début 2018. J'ai tout remis au propre et tous mes appartements étaient fin prêts à tourner à plein régime. Désormais, j'avais bien mérité quelques vacances !

Mon service de conciergerie

De retour en France, après deux mois de voyage en Océanie pour décompresser, j'étais ressourcé et revitalisé. Arrivait le printemps, et je devais faire en sorte que mes locations soient gérées le mieux possible. C'est pourquoi je décidais de m'installer non loin de mes investissements. J'ai donc loué un appartement sur place.

C'est à cette période que j'ai monté ma propre conciergerie, afin de m'occuper de tous mes investissements de façon professionnelle, mais surtout pour automatiser un maximum mes « entrées/sorties ». Étant le seul sur le marché de ma ville, j'étais persuadé que d'autres investisseurs comme moi trouveraient un intérêt à déléguer les tâches récurrentes dues à la location courte durée. De cette façon, je faisais d'une pierre deux coups : en premier lieu, en m'offrant la structure parfaite pour gérer mes propres biens et ensuite, en fournissant un service pouvant potentiellement me rapporter plus de revenus en gérant les biens des autres.

Du coup, il me fallait trouver d'autres gestionnaires. J'ai de nouveau fait passer plusieurs entretiens. Au même moment, j'ai eu la chance de faire une très belle rencontre avec une patronne de conciergerie d'une ville avoisinante, qui m'offrait un échange de bon procédé : elle me donnait un coup de main pour mettre la mienne en route, en échange de mes techniques d'investisseur immobilier. Puis, une fois mes gestionnaires choisis et formés par nos soins, nous avons conclu un partenariat pour qu'elle manage l'équipe avec moi, mais aussi à ma place si j'étais amené à m'absenter.

Une affaire qui roule

Une fois la conciergerie prête et en un rien de temps, j'ai fait entrer plus d'une dizaine d'appartements en gestion courte-durée, puis j'ai lancé un nouveau « pack sous-location », destiné aux propriétaires souhaitant louer leur appartement à tout prix, sans délai. Il faut savoir que la sous-location est possible lorsqu'elle est faite dans la légalité. Par le biais de ma conciergerie et avec l'aide d'un avocat, j'ai créé un bail prévu à cet effet. J'ai proposé aux propriétaires de payer leurs loyers en location classique pour que, par la suite, je puisse les sous-louer en location courte durée. Dans ce cas de figure, la rentabilité est encore plus conséquente que celle d'un appartement où l'on ne prend qu'un pourcentage prédéfini avec le propriétaire. De cette façon, j'ai fait entrer une nouvelle dizaine de biens dans ma conciergerie !

Un partenariat en famille

Mon père étant en pré-retraite, il m'aidait gracieusement à gérer ma comptabilité. Il s'est même chargé de me concevoir un logiciel informatique permettant de simplifier la facturation client et d'obtenir des statistiques élargies sur mes biens en gestion. Vu qu'il avait accès à toutes les informations liées à mes investissements, et voyant la réussite de mes projets, il commençait à s'intéresser aux possibilités d'acquisition de biens pour son propre compte. Mon père ne bénéficiant que d'une modeste retraite, je n'ai pas réfléchi longtemps avant de lui répondre que je ferais tout mon possible pour que l'on investisse ensemble.

Mon père, âgé de 62 ans, intermittent du spectacle depuis 40 ans et propriétaire d'une petite résidence principale sans n'avoir rien mis de côté, ne cochait pas vraiment toutes les cases d'un investisseur potentiel auprès des banques. Arrivé à un certain âge, tout devient plus compliqué avec les banques, surtout lorsque l'on ne dispose pas d'apport. Et pourtant, nous avons mis en place une stratégie simple et efficace : nous avons revendu sa résidence principale pour qu'il récupère de l'épargne, puis nous avons monté une SCI à l'IS (impôts sur les sociétés) afin d'acquérir des biens à deux.

Il s'est ensuite consacré à 100% aux recherches de biens immobiliers, dans la même région que celle où j'ai investi. Dans la mesure où je vivais sur place, je n'avais plus qu'à m'y rendre pour effectuer les visites.

Nous approchons

Le premier bien intéressant que j'ai visité pour mon père, il l'avait trouvé sur le site Seloger.com : un appartement de 25 m², très bien placé, fraîchement retapé, à vendre en agence pour 65.000 €. Le calcul de rentabilité étant plus que satisfaisant, nous avions trouvé une bonne affaire. Après la visite, j'ai demandé à l'agent immobilier depuis quand cet appartement était sur le marché, et si elle avait déjà reçu des offres. Elle m'a expliqué que la vente précédente avait échoué et que le propriétaire avait perdu beaucoup de temps. Cette information me permettait de disposer d'un angle d'attaque pour négocier le prix. J'ai fait une offre à 45.000 €, en proposant d'acheter le bien sans condition suspensive d'obtention de prêt. Dans ce cas précis, si la banque ne validait pas notre prêt, nous nous engagions à payer le bien au comptant. Le vendeur est revenu vers moi quelques jours plus tard pour accepter notre offre.

Les chiffres en détail pour le bien n°8 :

- Acquisition : 45.000 €
- Frais de notaire : 4.000 €
- Travaux : 0 €
- Meubles : 3.500 €
- Apport : 10.000 €
- Mensualité de prêt : 230 € par mois sur 20 ans

L'affaire est dans le sac

Nous avons choisi de passer par la banque de mon père, le LCL, qui nous a financé très facilement au vu de l'apport de 10.000 € que nous mettions sur la table. Notre dossier étant méticuleusement préparé, nous avons aussi pu profiter de l'excellente relation que mon père entretenait avec elle. Nous avons ensuite pris rendez-vous chez le notaire pour finaliser la vente et récupérer les clefs. Sans travaux nécessaires, nous avons ajouté notre bien dans ma conciergerie pour le proposer en location courte-durée.

On s'y remet

Bien heureux d'avoir acquis son 1er investissement, mon père s'est remis à son bureau pour en repérer un 2ème. Cette fois-ci, il avait jeté son dévolu sur un petit studio en rez-de-chaussée situé à une centaine de mètres de la mer, dans un secteur de bonne facture. L'appartement était mis en vente par un particulier pour 50.000 €. N'étant pas sur place à ce moment-là, mon père a pris la voiture et est allé le visiter en personne. Nous avons fait une visio-conférence en temps réel pour que j'effectue la visite avec lui. Des rénovations étaient à prévoir et j'ai fait appel à mon artisan pour chiffrer les travaux.

Après une étude de son historique de vente sur sa page Leboncoin.fr, j'ai pu constater que le bien était à la vente depuis 6 mois déjà, et cela nous a permis de baser notre 1ère offre assez basse, à 35.000 €, soit 15.000 € de moins, ce qui équivaut au montant des travaux, plus quasiment ceux du notaire. Le vendeur nous a fait une contre-offre à 45.000 €. Nous avons directement renvoyé un email stipulant que nous n'irions pas au-delà de 40.000 €. Après 5 jours de silence radio, il reprit contact avec nous pour accepter l'offre.

Les chiffres en détail pour le bien n°9 :

- Acquisition : 40.000 €
- Frais de notaire : 3.500 €
- Travaux : 10.000 €
- Meubles : 3.500 €
- Apport 10.000 €
- Mensualité de prêt : 230 € par mois sur 20 ans

Pour l'emprunt, nous sommes également passés par la banque LCL, qui n'a opposé aucune résistance à notre dossier béton. Une fois la formalité du notaire derrière moi, nous avions un 2ème investissement en commun, cette fois-ci avec travaux, que nous mettrions en location dans la conciergerie très prochainement.

Actuellement, nous sommes en passe d'obtenir un nouvel appartement, pour lequel il ne nous reste que quelques détails à régler.

Mot de la fin

Pour achever cette biographie, j'aimerais d'abord vous remercier d'avoir lu jusqu'au bout. J'espère que vous avez pu apprécier mon récit. Comme vous avez pu le constater, je ne suis pas né avec une cuillère en argent dans la bouche, et je n'étais pas franchement entré du bon pied dans la vie active.

Mon enfance lambda en banlieue parisienne a laissé place à une adolescence tumultueuse, qui m'a clairement montré que le système scolaire n'était pas fait pour moi. En le quittant à l'âge de 16 ans, sans aucun diplôme en poche, je n'avais que très peu de chance de m'insérer professionnellement. Grâce à quelques opportunités, j'ai pu démarrer une activité de caissier en supermarché puis intégrer, quelques années plus tard, le poste de chauffeur de bus RATP. Mais j'ai rapidement su que je ne souhaitais pas vivre ainsi.

Autodidacte de parcours et musicien à mes heures perdues, je n'ai jamais eu peur de voir plus grand. Je voyais loin, très loin même, ma seule interrogation ayant été : « Comment faire pour devenir libre financièrement ? ». J'ai dû me remuer les méninges pendant des années avant de trouver, enfin, une solution. Mon engouement pour m'extirper de la routine métro-boulot-dodo s'est fait de plus en pressant et tout a changé pour moi lorsque je me suis enfin décidé à sauter le pas en me formant sur l'investissement immobilier.

Pour ce faire, j'ai dû sortir des schémas préconçus qui voulaient faire de moi un simple pion dans l'échiquier. J'ai dû me débarrasser de mes propres croyances limitantes ainsi que de celles de mon entourage afin de travailler sur mon projet sereinement et me donner le moyen de mes ambitions.

Grâce à ma force de caractère et à ma persévérance, j'ai tout fait pour devenir investisseur immobilier, et j'ai réussi. Bientôt propriétaire de dix appartements, j'ai pu quitter le monde du travail et m'offrir la vie de rentier dont j'avais toujours rêvé. Certes, cela m'a pris un peu de temps pour démarrer mais une fois lancé, j'ai fait l'acquisition de tous mes biens en l'espace de 18 mois.

Dans la deuxième partie de ce livre, vous allez pouvoir entrevoir tous les détails pour savoir comment investir dans l'immobilier, et connaître le sujet sur le bout des doigts.

Dans la troisième partie, je reviendrai sur les points qui, selon moi, sont les plus importants pour devenir rentier immobilier. À mon sens, 80% de votre réussite se passe dans votre état d'esprit (mindset) et seules la persévérance et la détermination vous amèneront à devenir rentier rapidement.

Vraiment, cassez vos croyances limitantes et sortez de votre zone de confort, côtoyez des personnes positives qui font la même chose que ce que vous voulez entreprendre dans votre vie. Ne laissez personne casser vos rêves.

Vous êtes la moyenne des 5 personnes que vous côtoyez le plus. Vous avez une légende personnelle à accomplir dans ce monde.

Vous n'êtes pas arrivé ici pour devoir uniquement travailler et payer vos factures. Vous êtes bien meilleur que cela, et vous le savez. Vous avez fait un grand pas en achetant ce livre et j'espère vraiment qu'il sera un élément déclencheur pour vous.

Je me balade toujours avec un ticket de bus que je vendais au client, avec inscrit dessus « sans correspondance ». Il ne faut jamais oublier le chemin parcouru pour en arriver là.

Formez-vous un maximum : la formation est un accélérateur vers votre réussite. Lisez des livres inspirants, allez dans les networkings près de chez vous et fréquentez les personnes qui pensent comme vous. Sur les réseaux sociaux, rejoignez les meilleurs groupes.

J'ai moi-même décidé de créer un groupe Facebook des rentiers à temps plein pour tous ceux qui ont acheté ce livre. Pour le rejoindre, je mets à votre disposition des instructions claires à la fin de l'ouvrage. Je vous garantis que si vous mettez tout en œuvre, vous allez également réussir, tout comme moi je l'ai fait. Si je l'ai fait, tout le monde peut le faire.

Si actuellement, vous trouvez des excuses pour ne rien faire, alors vous n'êtes pas prêt pour réussir ni pour réaliser votre légende personnelle.

Votre histoire pourrait impacter un maximum de personnes et laisser une trace de vous et cela n'a pas de prix. Prouver aux personnes autour de vous, famille, collègues, etc., que vous avez réussi malgré leurs pensées négatives et vous verrez, ils vous regarderont autrement. On se retrouve pour la partie 2 du livre avec de la technique.

Théorie et pratique

1. Comment définir votre profil d'investisseur

Dans un premier temps, il vous faut définir le profil d'investisseur que vous êtes : investir dans l'immobilier ne se fait pas du jour au lendemain. En moyenne, cela prend à peu près trois mois, dès l'instant où vous avez signé le compromis de vente jusqu'à obtention des clés du ou des logements.

Donc le but, c'est de perdre le moins de temps possible et d'éviter de faire ce que moi-même j'ai fait dans mes débuts. Il est très important de comprendre que c'est la banque qui accepte (ou pas) de vous prêter de l'argent pour réaliser votre investissement et qu'il y a des règles à respecter pour éviter de rencontrer 20 banques et d'obtenir 20 refus !

Capacite d'emprunt

Il vous faut d'abord commencer par calculer votre capacité d'emprunt. Pour cela, c'est assez simple, vous prenez votre salaire annuel (pour tous les calculs, j'utiliserai des chiffres ronds). Pour l'exemple, admettons que vous percevez 12.000 € par an. Pour connaître le chiffre exact, la banque regarde votre dernier avis d'imposition et elle divise le montant par 12 mois (ou 13 ou 14 mois si vous avez le 13ème et/ou le 14ème mois en prime) soit, pour l'exemple ici, 1.000 € par mois sur 12 mois.

La banque estime qu'il ne faut pas dépasser 33% de vos revenus. Donc les mensualités à ne pas dépasser sont ici de 330 € par mois. Bien entendu, si vous investissez en couple, familles, amis, etc., vous augmenterez votre capacité d'emprunt. Évidemment, la banque prendra en compte le fait que vous ayez des crédits à la consommation, crédits immobiliers ou encore des loyers.

Avec 330 € par mois, si vous n'avez aucun crédit en cours, vous pourrez emprunter sur 20 ans (avec un taux de 1,59 actuellement en décembre 2018 au moment où j'écris ses lignes), 68.000 € hors assurance et sur 25 ans (taux actuellement 1,80) 80.000 € hors assurance. L'assurance varie en fonction de plusieurs facteurs : la banque, l'âge de l'emprunteur, son état de santé et également des options que la banque lui proposera de rajouter ou pas. Pour faire le calcul que je viens d'effectuer ci-dessus, vous pourrez le faire sur Google, en saisissant « calcul de mensualités ». Il existe également des applications sur smartphones et tablettes qui le feront calcul automatiquement.

À partir de là, vous savez ce que vous devez chercher et cela permettra également de déterminer la région et la ville dans laquelle investir. Investir à Paris sera difficile avec de petits revenus.

PS : Ici, les explications se veulent basiques afin que vous compreniez comment marche le système d'investissement en France. Bien évidemment, il existe énormément d'astuces pour emprunter plus que les 33% d'endettement. Toutefois, chaque profil aura ses propres spécificités.

2. Les différents types d'investissement

Saviez-vous qu'il existe plusieurs types d'investissements immobiliers ? Nous allons les passer en revue.

La location nue

Vous avez dans un premier temps, la location classique dite aussi « nue ». Vous achetez un bien, vous pouvez y réaliser des travaux (ou non) et vous le mettez à louer directement, sans le meubler. Vous produirez un bail de 3, 6, 9 ans à destination de votre futur locataire. Cet investissement est malheureusement celui qui est effectué par la majorité des personnes souhaitant se lancer dans l'aventure de l'investissement immobilier. C'est, d'une certaine manière, l'investissement de Monsieur Tout-le-monde. Et pourquoi ? Monsieur Tout-le-monde sait qu'il faut investir dans l'immobilier car il en a entendu parler par son collègue à la cafétéria, par son voisin ou encore par le biais d'un ami qui se serait lancé. C'est celui que je vous recommande le moins.

Vous ne vous démarquerez pas de la masse qui loue des logements dans la même ville. Vous pourrez, au contraire, créer plus facilement un coup de cœur avec une superbe décoration et de beaux meubles dans le logement.

Vous allez louer beaucoup moins cher, votre projet sera moins rentable, et la fiscalité n'est pas réellement avantageuse pour ce type d'investissement. Il y a également le fait d'avoir à faire un bail avec votre futur locataire de 3 ans minimum, donc vous n'aurez pas le choix d'attendre 3 ans, ou que le locataire parte avant ce terme, pour changer de stratégie de location afin d'augmenter votre rendement locatif.

LA LOCATION MEUBLEE

La location meublée est ce que je recommande pour obtenir un minimum de rendement correct et une meilleure fiscalité. Vous allez également vous différencier des autres logements mis à la location. Pour se lancer dans ce type de location, il faut remplir certains critères. Le logement doit comporter au minimum les meubles suivants :

- Une literie comprenant une couette ou une couverture ;
- Un dispositif d'occultation des fenêtres dans les pièces destinées à être utilisées comme chambres à coucher ;
- Des plaques de cuisson ;
- Un four ou un four à micro-ondes ;
- Un réfrigérateur et un congélateur ou, au minimum, un réfrigérateur doté d'un compartiment permettant de disposer d'une température inférieure ou égale à - 6° C ;

- La vaisselle nécessaire à la prise des repas ;
- Des ustensiles de cuisine ;
- Une table et des sièges ;
- Des étagères de rangement ;
- Des luminaires ;
- Le matériel d'entretien ménager adapté aux caractéristiques du logement.

Certaines villes et régions font face à des pénuries de locations meublées. Vous pourrez aussi plus facilement louer votre appartement à des étudiants, des jeunes actifs et des jeunes couples. N'hésitez surtout pas à faire en sorte que votre appartement soit de qualité optimale : belle décoration, bonne literie, télévision, box internet, etc. Cela vous permettra de le louer plus cher.

Vous avez aussi la possibilité de le mettre en location pendant 9 mois à un étudiant, et durant la haute saison touristique, de le mettre en location saisonnière pour augmenter le rendement locatif de votre investissement. Bien entendu, cela dépendra de l'emplacement de votre logement, de la ville, etc.

Trouver le bon emplacement pour une location meublée

Il n'y a pas vraiment de règle précise pour cela. Je conseille toutefois d'être situé dans un secteur attractif, proche de toutes commodités, et ce afin de toujours avoir de la demande locative.

L'IMMEUBLE DE RAPPORT

Pour un novice, le mot immeuble peut paraître fou. On pense tout de suite à un immeuble de 10 appartements et on se dit que cela coute des millions d'euros. C'est totalement faux et vous pourrez trouver des immeubles de rapport à moins de 150.000 € (en province, bien entendu).

Comprenez bien qu'un immeuble a plusieurs stratégies à exploiter. L'avantage ici est que vous n'avez pas de charges de copropriété et c'est normal après tout, car c'est votre immeuble ! Par contre, vous aurez des frais importants car vous devrez entretenir votre bien en changeant votre toiture, votre façade et les parties communes. Vous devrez donc avoir des liquidités de côté et une bonne trésorerie pour faire face à ces travaux. Je vous conseille d'épargner chaque mois pour faire face au moindre imprévu.

Prenons l'exemple de mon cousin : il a acheté un immeuble dans une ville de 2 200 habitants. C'est un ancien corps de ferme qui a été divisé en 5 appartements, trois F3, un F4 et un F2. Montant de l'achat : 142.000 €.

Lors de l'acquisition, tous les appartements était déjà loués pour un total de 2.200 € par mois de loyers. En faisant le calcul de rentabilité, il était à 15% de rendement et 1.000 € de cash-flow (les deux calculs sont présentés dans la prochaine partie). Il rembourse 800 € de mensualités à la banque pour 2.200 € de loyers par mois. Autant dire que le cash-flow qu'il génère est énorme.

Un SMIC tombe tous les mois juste en ayant acheté un seul immeuble ! Vous serez directement propriétaire de non pas un mais de cinq appartements ! Vous avez énormément d'avantages à posséder un ou plusieurs immeubles. Vous avez la possibilité de faire plusieurs types de locations dans le même immeuble : location courte durée, colocation ou location meublée.

Trouver le bon emplacement pour un immeuble de rapport

Cela dépendra de votre stratégie et du type de location que vous souhaitez effectuer. En location meublée, il faudra juste observer l'attractivité de la ville. Si vous souhaitez mélanger les trois types de locations cités plus haut, il faudra alors étudier et voir si des universités et des hôtels se trouvent dans la ville où vous allez investir.

La colocation

La colocation consiste à loger plusieurs personnes dans un même logement. Chaque colocataire paye un loyer au mois par chambre. Étudiant, jeune actif et même retraité seul, ils sont tous susceptibles de louer ce type de logement. Ces dernières années, la colocation explose par rapport aux loyers trop chers des villes, qui augmentent chaque année sans que les salaires puissent suivre.

Pour la colocation, il vous faudra acheter un F4/F5 ou plus. Je ne conseille pas les F3 car il n'y a que deux chambres et le rendement sera moindre, à moins que vous ne transformiez le F3 en F4 et que vous transformiez le salon en chambre. Pour ce faire, le salon doit être petit et ne doit pas être situé en plein milieu de l'appartement, c'est-à-dire que les deux chambres doivent être accessibles sans passer par le salon. Si le salon est isolé avec deux chambres à part, alors vous pourrez le transformer. L'absence d'un salon n'est pas préjudiciable, après tout. Cependant, si vous êtes amené à produire ce type de transformation, il doit y avoir une grande cuisine pour que les colocataires ne se sentent pas trop à l'étroit.

Le nombre de douches est un point important lorsque l'on considère une collocation. Je conseille de disposer d'au moins deux douches pour que les colocataires soient à l'aise. Il faudra également une surface d'au moins 12 m² minimum par chambre. Le top, c'est 14 m², pour que les colocataires aient assez d'espace chacun, mais aussi pour pouvoir louer la chambre plus chère au mois en faisant du haut de gamme. Vous pouvez également l'équiper comme il se doit avec la télévision, un bureau, une literie confortable, une bonne connexion internet, etc. Vous allez vite passer de 350 € la chambre à 400 €. Pour augmenter encore vos loyers et votre rendement locatif, si les évacuations et la chambre vous le permettent, vous avez la possibilité de mettre directement une douche par chambre. On passe directement le loyer de la chambre à 450 €.

Trouver le bon emplacement pour une colocation

L'idéal est de se placer près des transports, du centre-ville, proche de toutes les commodités essentielles.

Pour savoir si un emplacement est idéal ou non, rendez-vous sur Google Maps et saisissez le nom de votre ville. Vous arriverez sur l'emplacement géographique. Tapez ensuite « Université » juste à côté du nom de la ville et vous verrez où toutes les universités se situent. Maintenant que vous avez délimité le secteur, il vous suffit de vous y implanter.

Audrey Perrin, experte en colocation, vous en dira davantage un peu plus loin dans l'ouvrage.

La colocation courte duree

La colocation courte durée est trop peu exploitée. Pour faire simple, c'est comme une maison d'hôte, mais sans hôte. Vous allez louer à la nuit, une à plusieurs nuits chaque chambre à part sur les plateformes du type Airbnb.

Exemple : vous avez 4 chambres, vous les mettez en annonces sur les plateformes qui le permettent, comme Airbnb, à 30 € chacune la nuit. Vous empocherez alors 120 € la nuit si toutes vos chambres sont louées.

Les plateformes de location courte durée acceptent ce système. Lorsque vous inscrivez votre appartement pour la première fois, ils vous demandent si vous proposez une chambre privée, l'appartement entier ou une partie de l'appartement seulement. Car oui, vous pouvez aussi louer le clic-clac de votre salon actuel !

La location courte durée consiste à louer toute l'année votre logement à la nuit pour une ou plusieurs nuits. Ce type de locations reste aujourd'hui le plus rentable, mais demande une certaine vigilance de votre part.

C'est ce que je fais actuellement. Aujourd'hui, j'ai 9 appartements en location courte durée et ils tournent, pour certains, depuis deux ans. Attention à ne toutefois pas confondre avec la location saisonnière. La location courte durée signifie une location à la nuit durant toute l'année, alors que la location saisonnière, c'est une location de mai à septembre pendant la période touristique. Pour ce type de location, je vous conseille vraiment de mettre le paquet sur les travaux, la décoration, la literie de haute qualité et tous les équipements nécessaires. Les plateformes ont un système de notation à destination des clients (assez stressant côté propriétaire) qui n'hésitent pas à écrire leur réflexion sur ce qui ne va pas dans le logement.

Plusieurs plateformes proposent ce type de location. Dans la location courte durée, une fois l'annonce mise sur internet, vos premiers clients réservent chez vous, à la manière d'un hôtel. Il faut donc nettoyer le logement, laver les draps, les accueillir pour la remise des clés, présenter le logement et revenir lors de leur départ pour vérifier les lieux et récupérer les clés. Cela ne vous fait pas rêver ? C'est normal. Nous sommes ici pour parler de liberté et non pour se créer un nouveau job. Pour le début, je vous conseille de faire quelques turnovers pour voir comment cela se passe, et ensuite déléguer (même si, sincèrement, je n'ai jamais fait de turnovers).

Trouver le bon emplacement pour une location courte durée

L'idéal est de se placer près des transports, du centre-ville, proche de toutes les commodités essentielles.

Pour savoir si un emplacement est idéal ou non, comme pour la colocation, rendez-vous sur Google Maps et saisissez le nom de votre ville. Vous arriverez sur son emplacement géographique, tapez ensuite « hôtel » juste à côté du nom de la ville et vous verrez où tous les hôtels se trouvent.

Vous vous apercevrez que la très grande majorité d'entre eux est concentrée sur une zone bien précise. Maintenant que vous avez repéré le secteur, il vous suffit de vous implanter dedans.

Les parkings, boxes et caves

Les parkings et les boxes sont un investissement extrêmement intéressant. Le prix est vraiment accessible pour celui ou celle qui souhaite commencer à investir sans prendre trop de risques et avec très peu de moyens. Vous pouvez acheter des parkings et des boxes par lot, ce qui vous fera avancer plus vite. Les parkings ne nécessitent pas d'entretien particulier, il faut juste retracer les traits au sol quand cela est nécessaire. Les boxes également n'ont pas d'entretien spécifique. L'avantage du box, c'est que les locataires n'y mettront pas forcément leur voiture mais entreposeront des affaires, des outils, etc. Vous touchez du coup plus de personnes pour le mettre en location.

C'est un placement à long terme. Vous pouvez également, quand vous achetez un appartement, avoir avec le lot une place de parking et une cave. Vous pouvez soit la louer avec l'appartement, soit la louer à une personne extérieure. Par exemple, dans la location courte durée, vous avez souvent avec le logement une cave qui ne vous sert pas. Vous pouvez très bien faire de petits prospectus et les mettre dans les boîtes aux lettres de l'immeuble pour les louer en plus. Il n'y a pas de petit profit.

Trouver le bon emplacement pour les parkings et boxes

Il faut privilégier les zones en tension, là où se garer est devenu un véritable casse-tête, à commencer par les quartiers centraux des agglomérations.

Le local commercial

Investir dans un local commercial consiste à acquérir les murs d'un commerce dans le but de les louer à un exploitant.

Les risques d'impayés sont moins importants et vos recours en cas d'impayés plus nombreux. Les baux de locaux commerciaux sont des baux signés pour une durée de 9 ans avec des périodes d'engagement de 3 ans (on parle de bail

« 3-6-9 »). Ainsi le locataire ne peut pas décider d'arrêter son bail quand bon lui semble, il devra attendre la fin d'une période de 3 ans (ou triennale), ce qui vous donne de la visibilité sur les loyers perçus.

Il est possible que vous achetiez un immeuble de rapport possédant au rez-de-chaussée un local commercial. C'est très intéressant, car l'exploitant du local commercial paye une partie de votre taxe foncière. Si vous avez par exemple 2.000 € de taxe foncière par an sur l'immeuble, l'exploitant devra en payer une partie.

Trouver le bon emplacement pour le local commercial

Pour réussir un investissement dans des murs commerciaux, le critère le plus important est naturellement l'emplacement. Un bon emplacement est un endroit très fréquenté par les consommateurs, qui permettra au locataire de réaliser un bon chiffre d'affaires.

Les meilleurs emplacements sont ceux qui bénéficient d'un important passage. Il peut s'agir de rues commerçantes dans les centres-villes, de rues piétonnes ou d'alentours immédiats d'une station de métro ou d'un arrêt de tramway.

Faire un achat revente immobilier

C'est une autre stratégie d'investissement qui dégage d'importants montants rapidement.

Cependant, de mon point de vue, cette stratégie s'adresse aux investisseurs aguerris. Un achat revente consiste à trouver la super bonne affaire et acheter le bien réellement en dessous du prix du marché. Ici, on va vraiment placer un gros budget dans les travaux. On acquiert le bien, on le restaure complètement et on le revend avec une plus-value à la clé.

Exemple : j'achète un appartement à 50.000 € (frais de notaire compris), je fais 50.000 € de travaux et je le revends 150.000 €.

Vous allez donc toucher 50.000 € bruts à la revente. Vous pouvez donc rapidement vous créer une bonne épargne (environ six mois si tout se passe bien) et après, utiliser cette trésorerie pour réinvestir sur de plus gros projets immobiliers.

À titre personnel, j'ai ce que l'on appelle des plus-values latentes sur la moitié de mes appartements : compte-tenu des travaux réalisés, je ferai une plus-value si je souhaite revendre, mais ce n'est pas ma stratégie ; je préfère disposer de loyers tous les mois pour l'instant. Vous pouvez également acheter un immeuble de rapport, faire les travaux des logements, des parties communes, façade et toiture et revendre chaque appartement à la découpe.

Exemple : j'achète un immeuble de rapport de 4 appartements pour un montant de 200.000 €. Je fais 100.000 € de travaux pour le remettre à neuf et je revends chaque appartement à la découpe 100.000 €. Vous aurez donc, après la revente, 100.000 € de plus-value brute.

Pour faire de l'achat revente plusieurs fois par an, il vous faudra une société de marchand de biens. Vous devez avoir beaucoup de connaissances dans des domaines très variés, comme l'urbanisme, la finance, la construction…

Trouver le bon emplacement pour l'achat revente

L'emplacement est important dans l'achat revente, car nous savons avons l'acte d'achat que nous allons revendre rapidement. Nous devons être dans des secteurs de la ville où la demande d'achat est forte : proche de la gare, des commodités, du centre-ville, des transports en commun, de la mer, etc.

À retenir : Ce qui est intéressant, d'un point de vue personnel, ce sont les colocations, la location courte durée et les immeubles de rapport. Ce sont trois gros piliers pour avoir de forts rendements. L'achat revente reste aussi un très bon investissement, même si sa stratégie est totalement différente.

3. Trouver la bonne affaire

COMMENT CHERCHER ?

Les bonnes affaires ne tomberont pas du ciel, c'est donc à vous de les chercher. Cela prend beaucoup de temps et je vous incite à faire des recherches au moins deux fois par jour minimum sur les sites dédiés.

Je me rends principalement sur Leboncoin.fr qui regroupe 95% des annonces de professionnels et particuliers. Il y a également des sites comme Seloger.com. Téléchargez aussi l'application sur votre smartphone pour rester à l'affût de la bonne affaire.

Vous pouvez également programmer des alertes avec vos critères précis, pour que l'application vous envoie des notifications quand une annonce correspondante est mise en ligne.

QUELLE EST LA MEILLEURE SOLUTION : ENTRE PARTICULIERS OU AVEC UN PROFESSIONNEL ?

Les deux solutions sont viables. La plupart des gens préfèrent passer en direct pour éviter les frais d'agences mais en fait, ce qui se passe souvent, c'est que les vendeurs particuliers ont un lien affectif avec leur appartement et ils tentent de le vendre plus cher que le prix du marché. La négociation a souvent plus de mal à se faire (je parle de ma propre expérience, cela peut être différent pour vous).

J'aime aussi passer par les agences, car elles rédigent le compromis (ce qui permet d'économiser les frais de notaire à ce niveau, compris entre 300 et 400 €) et elles sont souvent de notre côté. Elles n'hésitent pas à négocier avec le vendeur (il m'est toutefois arrivé de tomber plusieurs fois sur des agences et agents immobiliers incompétents !).

COMMENT FAIRE UNE RECHERCHE SUR LEBONCOIN.FR ?

Dans un premier temps, il faudra cibler votre secteur. Il n'y a pas de ville mieux qu'une autre pour investir, tout dépendra de votre stratégie. À vous de trouver le meilleur emplacement.

Je conseille d'investir dans un endroit que vous connaissez bien dans un premier temps. Si votre ville actuelle est chère, comme c'était mon cas en région parisienne car le prix du m^2 est très onéreux, alors prenez une carte de France et tracez au compas un cercle, depuis votre ville jusqu'à 250 kilomètres maximum. Vous aurez ainsi plein de villes autour de chez vous avec des prix au m^2 moins élevés et des villes attractives. Il n'y a pas vraiment de règle pour ce que j'énonce ici. Personnellement, je ne voulais pas faire plus de 2h30 de trajet en voiture pour faire mes visites, pour aller démarcher les banques ou encore suivre les travaux. Avec 2h30 de route ou de train, vous pouvez partir le matin très tôt et revenir le soir.

À partir d'ici, normalement, vous avez votre budget, une idée du type de location que vous souhaitez et la ville dans laquelle vous voulez investir. Saisissez donc la région souhaitée ou la ville, précisez votre budget, par exemple 150.000 €. Pour la location meublée ou location courte durée, regardez du studio au T3. Pour la colocation, regardez du T3 (si transformable en T4) au T5/T6. Pour les immeubles de rapport, tapez dans la barre de recherche « immeuble » et cochez la case « recherche dans le titre seulement ».

Il faudra maintenant éplucher chaque annonce pour prendre un maximum d'informations sur l'emplacement, les charges de copropriété, taxe foncière, déjà loué ou non, travaux ou non. Le problème, c'est que des particuliers ou même des agences immobilières ne fournissent pas toutes les informations. On va voir ensemble toutes les questions à poser par téléphone pour ne pas se déplacer inutilement.

J'ai essayé plusieurs techniques et j'ai pris un vrai plaisir à les tester. Celles que je vais vous dévoiler marchent avec tous les types de biens précédemment cités.

Pour se rassurer et trouver votre bien idéal, que cela soit la ville et l'emplacement, il faudra faire votre propre étude de marché. Vous allez voir que cette méthode pour étudier le marché est extrêmement puissante. Elle vous permettra de vous rassurer sur votre futur investissement. Allez donc sur Leboncoin.fr, prenez trois photos de bonne qualité. Vous allez directement les trouver sur Google Images (prendre évidemment le type de bien que vous avez choisi au préalable) et rédigez une annonce fictive : inscrivez l'emplacement précis accompagné d'une belle description vendeur.

Exemple : pour la courte durée, mettez trois photos d'appartement avec une super décoration. Publiez votre annonce et regardez si cela donne des résultats. Si on vous appelle, c'est qu'il y a de la demande. Pour ce type d'étude, préparez un calendrier et demandez à votre contact les dates qu'il souhaite réserver. Si votre client potentiel vous dit qu'il souhaite réserver du 1er au 12 mars, répondez que le bien en question est déjà occupé durant cette période, mais de votre côté, notez les dates sur votre calendrier. C'est une technique puissante, à reproduire autant de fois qu'il le faudra dans plusieurs villes et secteurs différents.

Autre exemple : Vous trouvez un immeuble avec 5 appartements dont 2 ne sont pas loués, dans une ville qui comporte peu d'habitants, et vous n'êtes pas sûr que les appartements seront loués en meublés. Reproduisez cette technique pour vous rassurer et écarter les doutes.

Postez une simple annonce sur Leboncoin.fr avec l'adresse de l'immeuble, accompagnée de belles photos (tout en restant réaliste) et regardez si on vous appelle ou pas. Si vous ne recevez aucun coup de téléphone, il peut y avoir plusieurs raisons : Peut-être qu'il y a peu de demandes locatives ou bien ce n'est peut-être pas la période ; vos photos ne sont peut-être pas de bonne qualité ou vous avez mis un F2 en annonce fictive alors que le T3 ou T4 marchent mieux ici…

À vous de faire des tests. Par contre, si vous recevez 5 appels dans la journée après avoir publié votre annonce, c'est bon signe ! Faites pareil avec la colocation en mettant des chambres haut de gamme à louer. Étudiez le marché également avec Leboncoin.fr en regardant les annonces déjà en ligne. Regardez les prix (par chambre) que les investisseurs mettent en annonce, faites une moyenne et mettez votre annonce fictive à 450 € la chambre en colocation, par exemple.

Cette technique rapide d'étude de marché, je vous conseille de l'utiliser pour n'importe quel investissement déjà vu ensemble.

Questions a poser par telephone (agence et particuliers)

Après avoir mis de côté toutes les annonces qui vous ont semblé intéressantes, il est temps maintenant d'appeler l'agence immobilière ou le particulier directement.

Je vous conseille vraiment d'appeler et de ne pas envoyer de mail, à part si, sur l'annonce, le numéro de téléphone n'est pas indiqué. Sachez que pour la plupart des gens, c'est un exercice assez délicat. Je vous rassure, moi-même, mes premiers coups de téléphone n'étaient pas très assurés. Je me mettais la pression tout seul. Sachez que les personnes que vous appelez sont là pour vendre, donc elles ne rechignerons pas à répondre à vos questions. Après une dizaine d'appels, vous vous améliorerez.

J'énumérerai ici toutes les informations importantes à prendre pour tous les types de locations. Même si vous avez déjà les renseignements sur l'annonce, posez quand même les questions pour valider les données.

« Bonjour, je vous appelle pour obtenir des informations sur l'appartement/l'immeuble/boxes parking à XX € que vous vendez (donnez la référence si elle est inscrite sur l'annonce) :

- Il se situe à quelle adresse exactement ?
- À quel étage se situe le bien ?
- Des travaux sont-ils à prévoir ?
- Quel est l'état des parties communes ? De la façade ? De la toiture (si des travaux sont à prévoir, demandez si la copropriété a déjà voté pour effectuer les futurs travaux ; dans ce cas, ils ne seront pas à votre charge).
- Quelles sont les charges de copropriété ?
- Quel est le montant de la taxe foncière ?
- Combien est loué le bien actuellement ? Sous quel type de location (posez cette question si le bien est déjà loué ; souvent mentionné sur l'annonce).
- Quelle est l'estimation de la valeur locative en location meublée ou par chambre si colocation en vue (est-ce le prix du loyer actuellement sur le marché) ?

Les prochaines questions sont extrêmement importantes pour la future négociation et pour sentir la bonne affaire ou pas. Vous n'aurez pas forcément la réponse, surtout par téléphone, mais tentez-les tout de même. Je reviendrai dessus en détail sur la partie négociation :

- Pour quelle(s) raison(s) vendez vous ?
- Depuis combien de temps le vendeur/avez-vous acheté le bien ? Depuis combien de temps le bien est-il disponible à la vente ?
- Combien de visites et d'offres y a-t-il eu ?

Merci pour tout, je reviens vers vous très vite ! »

Après avoir bien évidemment pris toutes les notes, il faudra maintenant faire nos petits calculs pour voir si l'affaire est rentable.

Quand vous connaîtrez bien votre marché et que vous sentirez la bonne affaire par téléphone, avec l'expérience acquise, fixez une date pour une visite le plus rapidement possible.

4. Comment calculer une rentabilité locative

QU'EST-CE QUE LE RENDEMENT LOCATIF ?

Définition et calcul

Il est avant tout un indicateur pertinent et facile à obtenir. Son calcul va servir au futur acquéreur du bien pour évaluer ce que ce dernier va lui rapporter en fonction du prix d'achat dont il devra s'acquitter et des différents frais engendrés. Il s'agit donc d'une donnée très précieuse s'exprimant en pourcentage et qui déterminera si, oui ou non, il est intéressant financièrement d'acquérir le bien immobilier en question.

Également nommée « rentabilité locative », cette notion doit pleinement s'inscrire dans la stratégie d'investissement immobilier de l'acquéreur. Elle doit donc être réalisée sans délai et intégrer le maximum d'éléments pouvant avoir un impact financier sur l'opération à moyen et à long terme (impôts, charges, frais de notaire, travaux, prix d'acquisition, etc.).

En appliquant la formule de calcul, chacun peut ainsi évaluer le rendement attendu de son bien déjà acquis ou en projet d'achat, sans pour autant être un expert de l'immobilier. Cet indicateur sera également une aide à la décision de tout premier ordre dans le cas d'un choix entre plusieurs projets distincts.

Par exemple, vous placez 100 €. Un an plus tard, vous avez 104 €. Soit 4% de rentabilité annuelle.

Je recommande au minimum d'avoir 10% de rentabilité nette sur vos futures acquisitions.

Pour ce faire, voici comment le calculer :

Loyer mensuel x 12 mois – charges (copropriété, taxe foncière)
Prix d'acquisition + frais de notaire + travaux + meubles
Multiplier ensuite le chiffre obtenu par 100.

Exemple :

Loyer mensuel : 1.000 € x 12 mois = 12.000 € – 1.000 € de charges

Prix d'acquisition : 80.000 € + Frais de notaire : 8000 € + Travaux 22.000 € = 110.000 €

Donc 11.000 € / 110.000 € = 0,1

Vous multipliez 0,1 x 100 = 10%

Dans cet exemple, avec des chiffres simples, nous obtenons 10% de rendement annuel.

Petit rappel : Le livret A actuellement en France est de 0,75% de rendement annuel (en 2018).

Ce calcul n'est pas le rendement net. Je rajoute personnellement toutes les charges liées : électricité, Internet, eau pour tomber sur le rendement « net net » avant impôt.

L'imposition est différente pour chacun en fonction du statut fiscal choisi. Donc je ne pourrai pas être précis là-dessus ici.

Comment calculer le cash-flow

Le cash-flow est un terme financier d'origine anglo-saxonne, signifiant flux de trésorerie. Il s'agit d'un ratio utilisé pour mesurer la marge financière et bénéficiaire d'un investissement immobilier, d'une entreprise, etc. sur une période précise.

En immobilier, pour faire simple, le cash-flow est en fait la différence entre vos entrées et vos sorties.

D'un côté vos entrées, par exemple les loyers que vous percevez de vos locataires. De l'autre, vos sorties, comme le remboursement de vos mensualités d'emprunt, vos charges, etc.

Le cash-flow est une conséquence de votre rendement immobilier vu juste au-dessus mais cette fois, nous ne parlerons plus de pourcentage mais de chiffres plus clairs pour savoir combien il vous reste en bénéfice après avoir tout payé. Voici comment le calculer (en reprenant notre exemple du dessus) :

Prix d'acquisition	80.000 €
Frais de notaire	8.000 €
Travaux	32.000 €
Total	120.000 €

Comme vous êtes un bon investisseur et négociateur, nous allons emprunter la totalité à la banque, soit 120.000 €.

120.000 € à financer (les 500 € de charges de copropriété et 500 € de taxe foncière ne sont pas à faire financer), sur 20 ans avec le taux actuel (2018) occasionnera des mensualités de crédit de 580 € par mois (hors assurance). Il faut également calculer toutes les charges mensuelles pour avoir un chiffre exact (assurance, copropriété, taxe foncière, électricité, eau, internet, etc.) et soustraire ensuite ce montant sur le loyer mensuel.

Nous avons vu sur l'exemple juste au-dessus que le bien génère par mois 1.000 € de loyer.

1.000 € de loyer – 580 € de mensualité – charges mensuelles = cash-flow positif ou cash-flow négatif.

Le but, bien entendu, est de disposer d'un cash-flow positif. Vous pouvez également passer le prêt sur 25 ans pour avoir de plus petites mensualités et avoir plus de cash-flow. Soit, avec les taux actuels (hors assurance), des mensualités de remboursement de 496 € / mois. Nous verrons cette partie dans le chapitre sur la banque.

VISITER UN BIEN

À partir de ce moment, vous avez normalement récolté un maximum d'informations. Il faut maintenant passer à l'action et effectuer la visite du bien. Je vous conseille vraiment dans un premier temps de faire un maximum de visites. Les visites vous permettront d'apprendre et d'avoir l'œil de plus en plus aguerri. Le terrain, une autre paire de manches !

Ce qu'il faut regarder durant la visite

Je conseille avant tout de visiter directement avec un artisan, ou revenir, si le bien vous correspond, le jour d'après ou même mieux, le même jour. J'ai toujours fait mes visites avec mon artisan mais je vais quand même, avec mon expérience acquise à ses côtés, vous donner les points importants à regarder. Vous pourrez à la fin de cette section télécharger et imprimer cette checklist.

PREMIÈRE PRISE DE CONNAISSANCE DU LOGEMENT

- Arriver à pied pour observer le quartier, le voisinage, les possibilités de stationnement ;
- L'état des façades (fissures, détériorations) et, s'il s'agit d'une toiture, l'état de celle-ci ;
- L'existence d'un ascenseur ;
- L'existence d'un parking inclus dans la vente ;
- L'état général des parties communes, notamment l'entrée et le contrôle d'accès ;
- La porte d'entrée de l'appartement.

SOLIDITÉ

- Demander l'âge approximatif de l'immeuble. Si celui-ci est antérieur à 1900, il faut prêter attention à l'état des murs porteurs et des planchers ;
- Date du dernier ravalement ;
- Demander à visiter les sous-sols avant de partir. Si c'est un bâtiment ancien, les soubassements constituent un élément important de la solidité. L'état des sous-sols donne aussi une idée de l'entretien de l'immeuble ;
- Demander à visiter les combles, vous aurez un meilleur aperçu de l'entretien de la toiture.

ETANCHÉITÉ

- La bonne étanchéité à l'eau des fenêtres. Test à faire : observer s'il y a des traces d'écoulement d'eau sur l'ouvrant ou le dormant (châssis) de la fenêtre ;
- La bonne étanchéité à l'air des fenêtres. Test à faire : refermer lentement la fenêtre sur rue. Le niveau de bruit extérieur doit baisser sensiblement lors du contact des 2 ouvrants ;
- Prenez bien en compte que le coût d'une fenêtre est assez élevé, donc si c'est du simple vitrage, il faudra les changer pour du double vitrage.

ORIENTATION LUMINOSITÉ

- Demander l'orientation de l'appartement, en particulier pour le séjour et les chambres, s'il n'y a pas de soleil pour vous guider ;
- Voir le nombre de fenêtres ;
- La distance par rapport aux vis-à-vis éventuels ;
- La présence d'espaces verts et de végétation ;
- Les fenêtres sont-elles équipées de fermetures (volets roulants, etc.) ?

CONFORT THERMIQUE

- Le diagnostic de performance énergétique (DPE) qui va donner des indications sur la performance énergétique du logement et, le cas échéant, des recommandations de travaux d'amélioration ;
- Le type de chauffage : Électrique ? À eau chaude ? Individuel ? Collectif ? Quelle énergie ? Y a-t-il un chauffage par le sol ?
- Si le système de chauffage est individuel, demandez à voir la chaudière (marque, âge) : sert-elle aussi pour l'eau chaude sanitaire ?
- L'isolation des murs : y a-t-il un isolant rapporté sur les murs intérieurs (en toquant sur le mur avec le doigt, cela sonne creux. Cela peut être un cache misère) ? ;
- Le type de radiateurs installés et le nombre ;
- L'état des bouches d'extraction d'air (tous systèmes de ventilation) et leur bon fonctionnement.

AMÉNAGEMENT INTÉRIEUR SANITAIRE

- Equipement de la salle de bain : lavabo, baignoire, douche, et leur état ;
- Le sol est-il carrelé ?
- Existe-t-il une fenêtre ?
- Revêtements de sol, leur état général ;
- S'ils sont adaptés à la pièce où ils se trouvent (pièces humides, pièces de vie) ;
- La cuisine, agencement général ;
- État général de la cuisine actuelle ;
- Place et branchement pour machines à laver (vaisselle, linge).

SÉCURITÉ

- Le diagnostic électrique, obligatoire pour les logements construits il y a plus de quinze ans. Ce diagnostic est extrêmement important et utile pour juger de la qualité et de la sécurité d'une installation électrique ancienne et des travaux éventuels à prévoir ;
- L'état général du tableau électrique, notamment :
    - o Le nombre et l'étiquetage des départs avec mention de la pièce et des terminaux alimentés,
    - o La présence de disjoncteurs différentiels,
    - o La mise à la terre ;
- Le nombre de prises dans les pièces ;
- L'état des prises (prises 3 broches).

Durant la visite, prenez des photos et des vidéos.

Si vous n'avez pas de connaissance ou l'œil vous permettant d'estimer les travaux, voici un calcul rapide à prendre en compte :

- Rafraîchissement de l'appartement, c'est-à-dire les peintures, le sol à refaire (pas de gros œuvre), comptez entre 300 et 500 € du m².
- Pour le gros œuvre (casser des cloisons, refaire toutes l'électricité, salle de bain complète, cuisine, etc.) comptez entre 800 et 1.000 € du m².

Donc par exemple, vous visitez un bien de 20 m² :

- Pour un rafraîchissement, vous allez payer entre 6.000 € et 10.000 €.
- Pour de gros travaux, entre 16.000 € et 20.000 €.

C'est un calcul vraiment rapide pour estimer à peu près le prix des travaux.

Le rôle d'un entrepreneur est de réaliser des travaux conformément à la règlementation ainsi qu'aux cahiers des charges, planning et devis détaillés de son contrat. Il est lié à son client par un contrat de travaux. Deux types d'entreprises de travaux existent :

- Les artisans ou entreprises spécialisés par métier ou « corps d'état » : maçonnerie, couvreur, électricien, plombier-chauffagiste, carreleur, peintre ;
- Les entreprises tous corps d'état (TCE).

L'artisan spécialisé par corps d'état

Une petite entreprise spécialisée prend en charge les travaux correspondant à sa compétence (corps d'état).

L'avantage de passer des contrats par corps d'état est que vous intervenez directement dans le choix et la négociation avec chaque entreprise.

L'inconvénient est qu'il y a un risque de dérapage du planning. En effet, les entreprises sont engagées sur un délai de travaux, mais le point de départ de leur intervention peut dépendre de la fin des travaux d'une autre entreprise. Il faudra coordonner les interventions des différentes entreprises.

L'entreprise tous corps d'état

Une entreprise TCE prend en charge la réalisation de tous les travaux. Généralement elle a la compétence de gros-œuvre et maçonnerie et sous-traite les autres corps d'état.

L'entreprise TCE est une garantie de respect du planning (cela dépend bien entendu de l'entreprise. Je conseille d'ajouter minimum 1 mois de plus que la date de fin de chantier annoncée par l'entreprise).

J'ai utilisé moi-même ce type d'entreprise car je ne voulais pas coordonner les interventions, sachant que j'avais toujours mon travail à cette époque et que les chantiers étaient à plus de 200 km.

Vous avez plusieurs solutions pour repérer votre futur artisan. Durant vos visites avec l'agent immobilier, demandez-lui s'il connaît une entreprise compétente pour effectuer les travaux.

Personnellement, c'est ainsi que j'ai trouvé mon entreprise. J'ai quand même fait jouer la concurrence et je vous invite à le faire. Saisissez sur Google « artisan » ou « entreprise travaux », suivi du nom de votre ville d'investissement. Vous aurez à faire à diverses entreprises. Certaines sont notées sur Google avec des avis, d'autres seront directement visibles sur les Pages Jaunes. Je vous conseille de sélectionner trois entreprises pour obtenir autant de devis. N'hésitez pas également à demander d'aller visiter un chantier en cours. C'est ce que j'ai fait et l'artisan m'a directement montré son chantier, ce qui peut s'avérer rassurant pour la suite. L'autre solution est évidemment de faire appel à ses connaissances, de recourir au bouche à oreille, etc.

Il y a également la puissance des groupes Facebook dédiés à l'investissement immobilier, qui vous permettront d'y demander directement quelles sont les bonnes entreprises implantées en ville.

La negociation

Comment obtenir le meilleur prix et faire l'affaire du siècle ! Tout passe par la négociation et la capacité à faire descendre le tarif au plus bas. C'est le seul moment où vous pourrez réaliser une bonne ou même une excellente affaire ! Une fois l'offre d'achat acceptée par le vendeur, vous ne pouvez plus revenir en arrière et entamer une autre négociation (sauf cas très rare).

Dans un premier temps, il y a les bonnes questions à poser à l'agent immobilier ou au particulier. On les a déjà évoquées plus haut dans la partie « Questions à poser à l'agent immobilier ou au particulier ». Préférez les poser une fois la visite effectuée.

Depuis combien de temps est-il propriétaire du bien ?

Cette question très stratégique permettra de déduire s'il lui reste encore beaucoup de crédit à payer ou non. S'il vous dit qu'il n'est propriétaire que depuis trois ans, vous serez quasiment certain qu'il a un crédit à rembourser et que sa marge de manœuvre sur la négociation va être très difficile.

Cherchez à savoir pourquoi il vend

Cette question peut nous en dire plus sur la raison de la vente, comme une séparation, un divorce, un héritage, une transmission… Ce type de vendeur est souvent pressé de vendre, malheureusement. Pour ne pas créer d'ennui, un couple divorcé veut revendre au plus vite pour passer à autre chose.

Sur un héritage, il y a souvent plusieurs héritiers qui ne sont pas tous d'accord pour refaire des travaux ou pour conserver le bien. C'est pourquoi ils mettent le bien à la vente et sont pressés, comme pour la transmission.

Cherchez à savoir depuis combien de temps le bien est en vente

Plus le bien est à vendre depuis longtemps, plus le vendeur s'impatientera. C'est souvent une histoire de gros travaux ou de prix trop élevé par rapport au marché.

Cherchez à savoir combien de visites et combien d'offres le vendeur a eu

Cette question fait suite à celle du dessus : si le vendeur a eu 15 visites pour aucune offre en 6 mois de vente, vous aurez encore plus de chances de négocier le bien.

Argumentez sur le fait que de gros travaux sont à prévoir

Vous êtes passé avec l'artisan qui vous a dit oralement ce qu'il fallait réaliser, ou vous a fait un devis rapidement pour les travaux à prévoir. Exposez ce devis au vendeur pour qu'il baisse son prix, en vue des gros travaux que son bien nécessite. Parlez également — si c'est le cas — des parties communes qui ne sont pas en bon état (façade, toiture...).

Faites le calcul de rentabilité en location meublée

Faites le calcul et montrez-lui que ce n'est pas rentable pour vous en dessous de 10% de rentabilité net, donc que votre offre d'achat ne descendra pas en dessous de X €.

Conseil : pour n'importe quel type de location, vous devez obtenir 10% de rentabilité nette en location meublée classique. La colocation et la location courte durée sont censées du plus pour vous. Cela vous permettra de basculer en location meublée si pour vous, c'est trop de boulot ou que les lois changent.

Négociez les frais d'agence immobilière

Les frais d'agence représentent une partie importante de la vente. Elles peuvent atteindre 20% du prix de vente. Pour ce faire, remettre exactement les mêmes questions au-dessus sur le tapis et ajouter que vous êtes investisseur chevronné, possédant X appartements (en rajouter, bien sûr) et que vous n'hésiteriez pas à retravailler avec eux pour un prochain investissement. Il faut les mettre dans votre poche.

Négociez les meubles qui se trouvent dans le logement

Il se peut que des meubles ou de l'électroménager puissent attirer votre attention dans votre future acquisition. J'ai moi-même fait face à c cas de figure avec mon 6ème et 7ème achat. J'ai récupéré tous les meubles des deux appartements pour 1.000 € au total. Tout était neuf pour une valeur de 4.000 €. Je savais que le vendeur habitait à plus de 7h de route et ne viendrait jamais reprendre tous les meubles (surtout que les deux appartements sont au 5e étage sans ascenseur, je lui ai donc fait une offre de rachat très basse de ses meubles neufs).

Négocier le prorata de la taxe foncière

Lors de la signature de l'acte final chez le notaire, vous devrez vous acquitter de la taxe foncière au prorata de l'année en cours. Vous pouvez négocier cette partie en demandant au vendeur de la prendre entièrement à sa charge. Je l'ai par exemple fait pour ma première acquisition. J'avais signé mon appartement en novembre donc il ne restait que 80 € au prorata à payer. Mais l'agent immobilier qui était lui-même investisseur, et avec qui j'avais noué des liens, l'avait négocié pour moi directement, sans même que j'en parle. C'est donc toujours cela de pris.

Négocier sans clause suspensive d'obtention de prêt

Durant la rédaction du compromis de vente, ne mettez pas l'obtention de prêt dans les clauses suspensives. C'est-à-dire que vous êtes assuré d'acheter, que pour sortir du compromis, cela va être très difficile et surtout que la seule solution sera de payer 10% du prix de vente. Les vendeurs apprécient car ils sont sûrs de vendre leur bien, ou alors ils savent qu'ils gagneront 10% du prix de vente.

Il arrive souvent que des acheteurs potentiels émettent des offres, mais qu'aucune banque ne les suive. La vente échoue alors et le vendeur aura perdu son temps. Ici, au contraire, il privilégiera la personne qui aura fait son offre d'achat sans clause suspensive d'obtention de prêt.

Cette négociation est à prendre avec d'extrêmes précautions. Ne la faites que si vous avez les fonds nécessaires. Je l'ai fait pour mon 8ème et 9ème achat afin de vraiment tirer le prix au plus bas et me différencier des autres investisseurs.

5. Rédaction du compromis de vente

Qu'est-ce qu'un compromis de vente ?

Par opposition à une promesse de vente, un compromis est considéré comme un contrat « synallagmatique », c'est-à-dire qu'il engage les deux parties. La signature d'un compromis de vente ne nécessite pas de versement d'indemnité mais engage à la fois le vendeur et l'acheteur à mener la transaction à son terme. L'offre d'achat écrite — fournie par l'acquéreur — l'oblige à donner suite en cas d'acceptation du vendeur. Ce dernier, de son côté, ne peut se rétracter s'il accepte une somme précise de l'acquéreur ou si une offre « au prix » est proposée.

Qu'est-ce qu'une promesse de vente ?

La promesse de vente, elle, n'engage que le vendeur, et lui permet de réserver le bien à l'attention exclusive d'un futur acquéreur, à un prix spécifié dans le contrat et pour une durée limitée. En contrepartie, l'acquéreur verse une indemnité d'immobilisation du bien, qui correspond normalement à 10% du montant total de la vente, hors frais de notaire. La promesse de vente obéit à un formalisme bien précis. Elle doit être écrite et signée soit devant un notaire, soit sous seing privé. Pour conclure la vente, l'acquéreur doit alors confirmer son intention d'achat en « levant l'option » dans le délai préalablement convenu.

Personnellement, j'ai toujours signé des compromis de vente. Quand vous passez par une agence immobilière lors de votre future acquisition, c'est l'agence qui rédigera le compromis de vente et vous le signerez alors dans ses locaux. Si vous passez par un particulier, c'est le notaire qui s'en chargera. Il faudra alors signer le document dans ses locaux. En agence, vous n'aurez rien à débourser. Chez le notaire, comptez entre 300 et 400 € pour qu'il soit rédigé.

Certaines informations seront obligatoires : nom, prénom, adresse, si vous achetez via une société ou en nom propre , sur quelle durée vous voulez faire financer le bien et à quel taux maximum, si vous disposez d'un apport ou non, si vous mettez un séquestre ou non, les clauses suspensives.

Définition du séquestre

C'est la somme d'argent versée par l'acquéreur lors de la signature d'un avant-contrat de vente immobilière. Le séquestre peut avoir la nature d'un acompte ou d'une indemnité d'immobilisation. Il est conservé par l'agent immobilier qui a souscrit une garantie financière à ce titre. Il peut également être confié au notaire.

Le séquestre est une garantie pour le vendeur : si l'acquéreur n'exécute pas correctement ses obligations liées aux conditions suspensives, ou s'il refuse de signer l'acte authentique sans raison valable, le vendeur pourra demander une indemnité, et l'attribution du séquestre à son bénéfice.

Le séquestre vient en déduction du prix de vente lors de la signature de l'acte authentique. L'agent immobilier ne peut restituer le séquestre qu'avec l'accord du vendeur ou de l'acquéreur, ou via une décision de justice.

Définition des clauses suspensives

Contenues dans un avant-contrat (promesse de vente ou compromis de vente), ces conditions suspendent l'exécution du contrat à la survenance d'un événement. Le contrat ne prendra effet que lorsque l'événement prévu se réalisera.

Pour le candidat à l'achat, ces conditions suspensives peuvent être :

- L'obtention d'un prêt immobilier pour financer le logement ;
- L'obtention d'un certificat d'urbanisme ;
- Que le vendeur change le ballon d'eau chaude (car vous l'avez conclu ensemble au préalable) ;

- L'obtention en mairie du changement de façade et de destination de l'usage du bien (c'était le cas pour mon premier investissement car il s'agissait à l'origine d'un local commercial).

Vous pouvez mettre ici tout ce que vous souhaitez pour vous assurer que rien ne pourra nuire à votre futur projet immobilier. Je vous conseille bien évidemment de ne pas mettre d'apport ni de séquestre.

Souvent, vous avez mis d'office sur le compromis de vente que vous avez 45 jours pour trouver le financement. N'hésitez pas à demander 60 jours minimum, car les banques ne sont pas vraiment réactives et peuvent faire traîner les choses. Je me suis retrouvé dans ce cas à de nombreuses reprises.

Notaire

Vous devez prendre contact avec le notaire de votre choix. Demandez à l'agence, des amis investisseurs ou encore sur des groupes Facebook d'investisseurs s'ils en connaissent un bon.

L'agence ou le particulier vous demandera alors le nom de votre notaire et tout sera transféré automatiquement. Pour calculer les frais de notaire rapidement, il faut compter 8% du prix d'acquisition.

Exemple : Si vous achetez un bien à 100.000 €, vous aurez alors 8.000 € de frais de notaire.

L'acte en main

Comment faire payer les frais de notaire au vendeur ? En règle générale, dans le cadre d'une transaction immobilière, les frais d'un acte de vente sont à la charge de l'acquéreur du bien immobilier. Cependant, il est possible de négocier avec le vendeur pour qu'il accepte de s'acquitter de ces frais. Le prix de cette transaction est dit « acte en mains » ou « contrat en main ».

La clause acte en main

Dans le cadre d'une vente de bien immobilier, vous allez payer des frais de notaire. Ils sont en principe à la charge de l'acheteur. La clause de prix « acte en main » signifie que les frais de notaire seront pris en charge par le vendeur.

Qui va payer les frais de notaire ?

Pour un bien immobilier de 100.000 € net vendeur, l'acheteur va devoir logiquement payer 8% des frais de notaire, soit 8.000 € que sa banque lui demandera d'avoir en apport (cela diffère d'une banque à l'autre mais souvent, elle préfère que vous disposiez en apport des frais de notaire. Bien entendu, beaucoup de banques vous les financent également). Pour maximiser vos chances, je vous conseille d'utiliser cette stratégie. Dans ce cas, la banque va vous accorder un prêt, non pas 100.000 €, mais de 108.000 €. En conséquence, les frais de notaire seront évidemment à la charge du vendeur.

Ce dernier va alors encaisser 8.000 € de surplus sur son prix net vendeur qu'il devra tout naturellement verser au notaire, et percevra ses 100.000 €. L'acheteur quant à lui n'aura à débourser aucun frais d'acte d'enregistrement.

L'acte en main présente un léger point négatif : le surplus des 8% du notaire, après calcul de ce qu'il doit à l'État, etc., ne vous sera pas rendu, et c'est le vendeur qui touchera le surplus (c'est une modeste somme).

Il faut assurément spécifier à la personne en charge de la rédaction du compromis de vente, de notifier que c'est un achat acte en main. La plupart des vendeurs ne sont pas contre. Avancez comme argument que cela facilitera le financement. Au fond, ça ne change rien pour eux.

NEGOCIER LES FRAIS DE NOTAIRE

La rémunération du notaire

Elle est réglementée et est fonction du prix de vente du bien immobilier en question. Le barème est dégressif et donné par décret. Pour un bien supérieur à 100.000 €, les frais de notaire tournent aux alentours de 1,2% TTC.

Sortez les biens meubles de votre prix total

C'est particulièrement intéressant si vous achetez un bien meublé, car vous pouvez déduire les meubles de votre facture totale, et ainsi réduire les frais de notaire. Mais attention, cela ne peut dépasser 5% du prix du bien maximum. Par exemple, pour un bien de 200.000 €, vous pourrez déduire jusqu'à 10.000 € de biens meubles. Les frais de notaires seront alors calculés sur 190.000 €.

De même, si vous achetez un bien vide, mais que la cuisine est équipée, vous pouvez déduire son prix. Vous pouvez vous arranger pour gonfler la note avec votre notaire ou l'agence qui rédige le compromis. Veillez à ce que les frais d'agence soient bien exclus de l'assiette de calcul des frais de notaire. C'est normalement toujours le cas, mais une erreur est vite arrivée.

Exemple : Si vous achetez un appartement ancien à 200.000 €, et que vous êtes passé par une agence pour l'acquisition du bien, vous aurez sûrement aux alentours de 10% de frais d'agence, soit 20.000 €. Vérifiez bien que les frais de notaire sont calculés sur la base de 180.000 €, et non de 200.000 €.

Tentez de négocier la rémunération du notaire

Le notaire se rémunère notamment sur la rédaction de l'acte du compromis de vente. Vous pouvez toujours essayer de négocier ses honoraires, même si cela reste relativement rare, vous ne perdez rien à essayer la négociation. C'est possible de le négocier par expérience (notamment sur mes 6ème et 7ème investissement), si vous lui êtes fidèle et que vous faites parler de lui à d'autres investisseurs qui viendront de votre part.

6. La Banque

La banque est l'établissement qui financera ou non votre projet. C'est pour cela qu'il vous faut mettre en place une stratégie optimale afin de la convaincre.

Dans un premier temps, il faut absolument vous débarrasser de vos crédits à la consommation. Si vous êtes dans le rouge chaque mois, il va aussi alors falloir se serrer la ceinture ou trouver une solution pour en sortir. C'était mon cas au début et j'ai dû vite trouver une solution car sans cela, je vivrais toujours mon ancienne vie.

Pour votre rendez-vous à la banque, le conseiller vous demandera de vous munir de certains documents.

1. Reunir tous vos documents personnels

La constitution du dossier présentant un projet immobilier implique nécessairement le rassemblement de tous les documents administratifs relatifs à l'investisseur.

Face au conseiller bancaire, la présentation d'un projet nécessite en amont une préparation personnelle, organisée et assidue, dont la première étape consiste à rassembler ses documents personnels :

- Carte d'identité,
- Trois dernières fiches de paie,
- Deux derniers avis d'imposition,
- Justificatif de domicile (facture d'énergie, taxe foncière), ou spécifier si l'on est hébergé à titre gratuit (fournissez une attestation d'hébergement ainsi qu'une facture au nom de la personne qui vous héberge, ainsi qu'une facture à votre nom).

Vous devez présenter le tout, justifiant un achat effectué à deux ou si l'investisseur vit en couple.

Dans ce cas, si l'investisseur réalise son achat seul mais vit en couple, il lui faut présenter tous les papiers relatifs à son partenaire, ce qui permettra au banquier de calculer son reste à vivre, la conclusion n'étant pas la même lorsque l'on vit seul ou à deux.

Si l'on est propriétaire, joindre :

- La taxe foncière,
- L'estimation du bien,
- Et le crédit en cours, par le biais du tableau d'amortissement.

Outre ces documents administratifs conventionnels, il faut fournir les preuves témoignant de sa capacité à tenir son budget au quotidien, à mettre de l'argent de côté, à se constituer une épargne de précaution, lesquelles vont nécessairement rassurer le banquier (sur le plan financier).

Les relevés de compte sont la meilleure preuve pour ce faire. Il faut être acteur de ses finances, et démontrer que dans sa propre situation, ce fait est avéré.

Réunir tous ces documents, démontre au banquier que l'on connaît la procédure à suivre pour présenter un projet, que l'on ne veut ni perdre son temps, ni lui en faire perdre.

2. Reunir tous les documents du projet immobilier

Il faut maintenant réunir tous les documents du projet immobilier en cours pour que le banquier saisisse les données dans les bonnes cases afin de vérifier la viabilité du projet :

- La taxe foncière,
- Les frais de notaire,
- Charge de copropriété (mieux vaut l'avoir car certains le réclament),
- Devis des travaux à effectuer par une entreprise qualifiée,

- Une estimation des futur loyers locatifs (souvent il en faut deux, donc demandez-la à deux agences immobilières),

- Si le logement est loué, il faudra alors le bail et une quittance de loyer du locataire actuellement en place,

- Prenez également avec vous le rendement et cash-flow de votre futur investissement. Le nec plus ultra demeure le business plan,

- Le compromis ou la promesse de vente.

Toutes les pièces ci-dessus sont primordiales : tant que tous les documents ne sont pas fournis, le banquier ne commencera pas à monter votre dossier.

3. Comportement

Pour travailler votre comportement devant le banquier, il faut bien maîtriser son sujet et savoir de quoi on parle. Vous avez normalement déjà appris beaucoup de choses jusqu'ici, mais continuez sans cesse de vous former sur le sujet de l'investissement. Soyez sûr de vous. Parlez-lui de la rentabilité locative que vous allez avoir, du cash-flow positif, de l'emplacement du bien et, si c'est possible, du business plan qui réunit votre étude de marché au regard de votre type de location. Je vous déconseille par contre de présenter la location courte durée en projet. Les banques n'en sont pas trop friands, même si certains acceptent de les financer. Je vous conseille plutôt de parler de la location type meublé. La colocation peut également passer.

4. Que faut-il negocier avec le banquier ?

Une banque est une entreprise commerciale dont le métier est divisé en nombreuses activités :

- Le prêt immobilier,

- Le prêt consommation,

- L'assurance vie,

- L’assurance habitation, voiture,
- Le placement d’épargne,

La rentabilité du futur client que vous êtes dépendra de votre capacité à faire travailler durablement votre banque.

Pour obtenir le meilleur taux pour votre crédit immobilier, vous devrez donc faire savoir à votre banquier que vous n’êtes pas simplement à la recherche d’un crédit immobilier, mais d’un interlocuteur et d’une banque qui vous suivra dans vos prochains projets.

Il s’agit prioritairement de négocier :

- Le taux du crédit immobilier : Ils ont souvent des barèmes à respecter chaque mois mais, bien entendu, tout est négociable ;
- L’assurance du prêt : Cette assurance varie en fonction de plusieurs critères (votre âge, votre état de santé, etc.) ;
- Les indemnités de remboursement anticipé : Lorsque vous remboursez votre crédit immobilier par anticipation, votre banque en prélèvera 3% ou 6 mois d’intérêt de frais dits d’indemnités de remboursement anticipé. Même si le but n’est pas de rembourser au plus vite notre prêt (pour des questions de fiscalité), il vaut mieux négocier les indemnités si toutefois l’on souhaite changer de stratégie par la suite.
- Les frais de dossier : souvent compris entre 300 € et 1.000 €, les frais de dossier sont également négociables, jusqu’à les réduire à 0.

Négocier la garantie du crédit immobilier

En général, vous aurez le choix entre une hypothèque ou une caution. Les banques préfèrent les cautions car elles ne sont plus responsables du "risque" du crédit (en cas de non-paiement, la société de caution rembourse la banque et s'occupe de la vente de votre bien immobilier). Le prix de ces cautions varie énormément en fonction des banques. La Banque populaire a son propre système de caution (pour mon cas, étant assimilé fonctionnaire quand j'étais chauffeur de bus, elle a utilisé son système de cautionnement, la CASDEN).

Le CIC et le Crédit Mutuel travaillent en général avec CMH, le Crédit Agricole avec CAMCA, et la Caisse d'Épargne avec SACCEF. La BNP, la Société Générale et les autres banques travaillent principalement avec Crédit Logement.

Pour bien comparer, demandez le coût précis de la garantie (parfois, une grosse partie de ce coût est remboursé en fin de prêt).

Hypothèque

L'hypothèque constitue une garantie pour la banque contre le risque d'impayé de la part de l'emprunteur. En cas de réalisation du risque, la banque est autorisée à saisir le bien immobilier et à recouvrer sa créance par le produit de sa revente. L'acte d'hypothèque, pour être valide, doit être signé devant notaire.

Privilège de prêteur de deniers (PPD)

Le privilège de prêteur de deniers se présente lorsque le prêt est destiné à l'acquisition du bien. Il a les mêmes effets que l'hypothèque, mais présente un avantage puisqu'il n'est pas soumis à la taxe de publicité foncière. Il est donc moins coûteux pour l'emprunteur.

Négocier la pause crédit

La pause crédit permet de reporter un certain nombre d'échéances. Vous pourrez trouver des prêts qui permettent 4 pauses de 3 mois, soit 1 an d'arrêt de paiement des échéances. Votre budget sera ainsi allégé en cas de coups durs ou pour vous permettre de générer de la trésorerie.

Négocier le transfert de prêt

Le fait que votre prêt soit transférable sur un autre bien une fois revendu est un plus, car les taux actuels sont assez bas. Si vous avez donc un autre projet et que les taux sont moins intéressants, vous pourrez le financer avec une partie à taux avantageux.

Négocier le différé partiel ou total (appelé aussi franchise)

Il s'agit d'un point de négociation crucial : le différé bancaire est une façon de déclencher une partie du prêt de la première échéance à 36 mois (60 mois pour un prêt étudiant) avant de payer l'intégralité des mensualités.

Pour négocier un différé, il faut que l'investissement engendre un coût avec travaux. En faisant financer les travaux dans le coût global de l'investissement, la banque vous accordera plus facilement un différé bancaire.

Le différé total est plus dur à obtenir que le partiel. Quand vous prenez un différé total sur une certaine durée (plus ou moins 12 mois maximum), vous rembourserez durant cette période uniquement l'assurance du prêt. Ce fut mon cas pour mon premier investissement : durant six mois, j'ai remboursé 8 €/mois. Cela m'a laissé le temps de réaliser les travaux avant la mise en location.

Le différé partiel est beaucoup plus simple à obtenir. C'est celui que je vous recommande de négocier pour chacun de vos investissements. Durant une période de 12 à 36 mois, vous paierez uniquement l'assurance et les intérêts d'emprunt. Vous n'amortirez pas immédiatement le capital. En fait, cela vous permettra, une fois les travaux terminés, de le mettre en location et donc d'avoir de petites mensualités à rembourser grâce au loyer que vous générerez. Vous pourrez vous constituer une trésorerie plus facilement et l'utiliser à bon escient.

Comment négocier tous les points énumérés ci-dessus

Une façon très simple et radicale de pratiquement tout négocier avec le banquier, c'est de souscrire avec lui à toutes la panoplie qu'il propose très souvent : ouverture du livret A, assurance vie, ouverture du compte bancaire avec une carte de crédit, assurance chez eux, déplacer son épargne dans sa banque.

Petit conseil, vous pouvez juste dire « oui, je le ferai une fois le crédit obtenu » puis changer d'avis entretemps.

Faites jouer la concurrence

Il est indispensable de consulter plusieurs banques, cela vous permettra de négocier au mieux en faisant valoir les offres de la concurrence. Après avoir rencontré différents banquiers, et vous être muni d'une proposition écrite de l'un des établissement financiers, rien ne vous empêche de refaire une tournée des banques pour une mise en concurrence. À chaque nouveau rendez-vous, montrez la meilleure simulation réalisée par un concurrent si elle s'avère mieux que ce que vous propose votre interlocuteur. Vous verrez directement s'il peut s'aligner avec des avantages supplémentaires ou non.

5. Le courtier

Vous pouvez également vous adresser aux courtiers en crédit immobilier. Ils négocieront pour vous auprès des établissements financiers et obtiendront souvent des conditions intéressantes, non seulement en termes de taux d'intérêts, mais aussi au niveau des autres frais. Même si auprès des banques le service est théoriquement gratuit car les banques rétrocèdent une commission au courtier quand un prêt est souscrit par leur intermédiaire, vous devrez parfois vous acquitter des frais de dossier. Pensez à bien vérifier ce point en amont.

Courtier : quels sont les avantages ?

C'est en sa qualité d'intermédiaire que le courtier accompagne l'emprunteur afin qu'il trouve un prêt immobilier à un taux compétitif et aux meilleures conditions. Le courtier soutient l'emprunteur dans sa démarche jusqu'à la signature du prêt immobilier et de l'acte notarié. Les bonnes raisons qui peuvent vous pousser à recourir à un courtier en crédit immobilier ne manquent pas.

En voici les principales :

UN GAIN DE TEMPS

Grâce à son réseau professionnel, le courtier s'engage à trouver les meilleures opportunités de prêt immobilier. Et, surtout, il vous fera gagner beaucoup de temps. Le courtier vous libère de la comparaison des offres bancaires, puisque c'est lui qui réalise cette recherche.

LE COUT

Contrairement aux idées reçues, bénéficier de l'accompagnement d'un courtier n'est pas hors de prix et il existe même des courtiers immobiliers gratuits. Les frais de courtage sont encadrés par la loi. Une fois le dossier accepté, le courtier perçoit sa rémunération. Selon la formule, il peut être soumis à plusieurs modes de rémunération.

- Frais de courtage ou honoraires à la charge du client : en moyenne, ils sont compris entre 900 et 1.500 €.
- Commission réglée par la banque en fonction du volume d'affaires apporté par le courtier (1% du capital emprunté en règle générale). Le volume des prêts amenés aux banques par les courtiers peut représenter jusqu'à plus de 30% de la production totale de crédit.

DES CONDITIONS PLUS AVANTAGEUSES

En raison d'un apport de dossier important aux banques, le fait de passer par un courtier en prêt immobilier augmente vos chances de bénéficier d'un crédit aux conditions les plus compétitives.

PRET ETUDIANT

Vous avez la possibilité, en étant étudiant, de faire un prêt éponyme à la banque. Attention, petite mise en garde : le prêt étudiant n'est pas destiné à investir dans l'immobilier. Si vous souhaitez utiliser ce prêt à la banque, c'est que vous vous êtes bien formé au préalable sur la question.

Comment cela fonctionne ?

Prenez rendez-vous avec la banque, présentez-vous en tant qu'étudiant et demandez un prêt étudiant pour financer « vos études ». Vous pouvez aller de 800 à 75.000 € en fonction des banques et des études entreprises. Les gros points positifs du prêt étudiant sont le taux très bas et la possibilité de prendre un différé total sur cinq ans. Il n'y a également pas d'indemnité sur le remboursement anticipé partiel ou total. Ce prêt nécessitera une caution. Vous allez devoir demander à vos parents ou à des proches. C'est à vous de leur montrer que votre projet est sérieux et qu'il tient la route.

6. Mon expérience personnelle

MA PRESENTATION D'UN PROJET AU BANQUIER

Pour réaliser mon premier investissement immobilier locatif, j'ai dû ruser, en faisant passer mon premier investissement en résidence principale. Vous pouvez, en tant que non investisseur, acheter votre résidence principale pour votre compte et changer d'avis les trois mois précédant la signature chez le notaire : votre situation personnelle a peut-être changé entretemps. Cette astuce vous permettra d'obtenir plus facilement un financement. Pourquoi cela ?

Le banquier préfèrera vous voir investir en premier lieu dans votre résidence principale avant d'opter pour de l'investissement locatif.

J'ai demandé à plusieurs banquiers ce qui motivait ce raisonnement et ils m'ont tenu le même discours : ils estiment qu'en commençant par trop investir dans l'immobilier locatif, nous n'aurons plus assez de capacité d'emprunt pour nous acheter de quoi nous loger nous-même. J'ai donc simplement réuni les documents évoqués plus haut. Le prêt a été accordé très rapidement et je n'étais qu'à 17% d'endettement, avec de la marge pour réinvestir assez rapidement. Je vous conseille, pour le premier investissement, de suivre le même procédé. Cela vous permettra de ne pas perdre de temps, d'apprendre sur le terrain, d'avoir moins de pression…

Vous êtes déjà propriétaire de votre résidence principale

Il se peut que vous soyez déjà propriétaire de votre résidence principale et que vous vous disiez « Et moi alors, comment je fais ? ». Je vais donc vous parler de la présentation de mon second investissement.

Car après le premier investissement, j'ai enchaîné le 2ème et le 3ème quasi au même moment. J'étais donc, aux yeux de la banque, propriétaire de ma résidence principale, ce qui peut être votre cas aujourd'hui. J'ai réuni tous les documents ainsi que le business plan. Les deux appartements se situaient près de grandes écoles et d'universités. J'avais fait appel au préalable à un décorateur et j'ai montré au banquier le rendu avant-après grâce aux photos 3D. J'ai également montré les deux estimations locatives qui étaient plus hautes que le prix du marché car j'allais transformer deux « taudis » en appartements haut de gamme, tous équipés. Il a donc entré les chiffres et étudié le projet en considérant le fait que j'avais déjà un crédit pour ma « résidence principale », ce qui s'est conclu sans entrave.

Conclusion

La présentation d'un dossier au banquier nécessite un dossier bien préparé, solide, renvoyant à des données précises concernant l'investisseur et son projet, et faisant montre de données financières viables et fiables.

Un projet bien construit, engendrant qui plus est un gain à son investisseur, a de grandes chances d'être validé positivement par le banquier, car si l'investisseur gagne de l'argent via cet investissement, lui-même en gagnera via le prêt qui le finance (gagnant/gagnant).

7. Fiscalité

Avant de débuter cette partie, je tiens à signaler que la fiscalité est différente selon le projet de chacun, votre statut professionnel et plusieurs autres points.

De plus, la fiscalité change très souvent en France, donc les définitions citées juste après risquent de ne plus être valables. Je tâcherai d'actualiser le livre si besoin, mais vous conseille de vous renseigner directement auprès d'avocats fiscalistes. Je vais évoquer les grandes lignes et définitions des statuts les plus utilisés, pour vous en donner un bref aperçu.

En location vide (nue) : les revenus fonciers

De nombreuses charges sont déductibles de vos loyers lorsque vous déclarez ces derniers au fisc. C'est notamment le cas des travaux et des intérêts de l'emprunt qui financent votre investissement locatif. Lorsque ces charges sont supérieures aux loyers, vous créez du déficit foncier, qui vient s'imputer sur vos revenus globaux (la première année). Ainsi, ces derniers baissent, ce qui réduit vos impôts. Deux choix s'offrent alors à vous :

Régime du micro-foncier

Les revenus tirés de la location nue sont soumis au barème progressif après application d'un abattement égal à 30% des recettes brutes.

Exemple : Vous avez 10.000 € de loyer annuel, vous abattez 30% dessus, soit 3.000 €. Vous serez donc imposé sur 7.000 €.

Régime du réel

Le propriétaire-bailleur déduit l'ensemble des charges liées à la location. Et notamment :

- Le coût des travaux d'amélioration, d'entretien et de réparation,
- Les primes d'assurance (PNO, assurance de prêt, assurance loyers impayés, etc.),
- Les charges de copropriété s'il y a lieu,
- La taxe foncière,
- Les frais de gestion si la gestion est déléguée,
- Les frais de pris de garantie,
- Les intérêts d'emprunt.

L'éventuel déficit est imputé sur le revenu global du propriétaire bailleur à hauteur de 10.700 € hors intérêts d'emprunt la première année, l'excédent de déficit étant reporté sur les années suivantes et imputé sur les revenus fonciers.

Exemple : Vous avez effectué 20.000 € de travaux d'amélioration et en additionnant toutes les autres charges taxes, vous en avez pour 10.000 €. Vous avez donc 30.000 € de déficit à faire valoir mais vous ne pouvez utiliser que 10.700 € imputables sur vos revenus globaux la première année, le solde étant reporté. On reste sur l'exemple du dessus, vous avez donc 10.000 € de loyers annuels bruts, c'est-à-dire avant imputation des charges. Après imputation des 30.000 euros de charges sur vos loyers, votre déficit foncier s'élève donc à

20.000 euros. Sur ces 20.000 euros, 10.700 euros vont venir la première année s'imputer sur vos revenus globaux d'activité professionnelle, et il vous restera 9.300 euros de déficit foncier reportable pour l'année suivante.

Bien entendu, si entre temps vous refaites des travaux d'amélioration, vous augmenterez votre déficit foncier qui viendra alors s'additionner.

EN LOCATION MEUBLEE

Avec le régime réel du statut de loueur en meublé non professionnel (LMNP), vous déduisez charges (travaux, intérêts d'emprunt, frais de notaire, taxe foncière, meubles, etc.) et amortissement de l'immeuble de vos recettes locatives. Elles sont ainsi réduites voire ramenées à zéro, et échappent donc à l'impôt.

Le régime fiscal associé à la location meublée est celui des BIC (bénéfices industriels et commerciaux)

LES BENEFICES INDUSTRIELS ET COMMERCIAUX

Régime des micro-BIC

Les revenus sont soumis au barème progressif après application d'un abattement de 50% (71% pour les locations saisonnières de meublés de tourisme).

Exemple : Vous avez 10.000 € de loyer annuel, vous abattez 50% dessus soit 5.000 €. Vous serez donc imposé sur 5.000 €.

Régime du réel

Le propriétaire-bailleur déduit l'ensemble des charges liées à la location. Et notamment :

- Le coût des travaux, d'entretien et de réparation,
- Les impôts et taxes,
- Les frais de gestion,
- Les charges de copropriété,

- Les intérêts d'emprunt,
- L'intégralité des frais de notaire,
- Les meubles ;
- L'amortissement annuel de l'immeuble

Vous pouvez pratiquement tout déduire de ce qui est en rapport avec votre logement, le but étant de créer un maximum de déficit pour ramener à 0 votre déclaration et ainsi ne pas payer d'impôt pendant plusieurs années.

LOCATION MEUBLEE PROFESSIONNELLE : LE REGIME FISCAL DU LMP

Les avantages fiscaux

UNE REDUCTION DU REVENU IMPOSABLE

Le statut de loueur en meublé professionnel (LMP) est voisin du LMNP, mais soumis à des conditions de seuil de revenus locatifs meublés pour pouvoir en bénéficier. Le propriétaire-bailleur déduit l'ensemble des charges liées. Cependant, il y a une exonération des plus-values assez avantageuse.

Le LMP est soumis au régime des plus-values professionnelles. Celles-ci peuvent être exonérées d'impôt si l'activité est exercée depuis plus de cinq ans et si les recettes HT sont inférieures à 90.000 €.

Attention : ce seuil est calculé en prenant en compte la moyenne des chiffres d'affaires des exercices clos au cours des deux années civiles précédant l'exercice de la cession.

Au-dessus de ce plafond de CA et jusqu'à 126.000 €, le contribuable peut bénéficier d'un allègement dégressif.

UNE EXONERATION D'IMPOT SUR LA FORTUNE IMMOBILIERE

Le logement n'est pas soumis à l'impôt sur la fortune en tant que bien professionnel, comme tous les outils de travail. Mais attention, l'administration exige que l'activité de loueur en meublé soit exercée à titre principal, et tant que l'activité est déficitaire, les biens affectés à l'activité professionnelle ne sont pas exonérés d'IFI.

Ils sont exonérés d'IFI lorsque le résultat devient bénéficiaire, mais celui-ci est alors soumis à des cotisations sociales (régime des travailleurs non-salariés).

MEUBLE DE TOURISME

Définition

Les meublés de tourisme sont des locations saisonnières faisant l'objet d'un régime juridique spécifique, leur déclaration étant obligatoire. Les clients auxquels ils sont destinés sont des personnes de passage pour quelques jours, quelques semaines ou quelques mois, sans pour autant y élire domicile. Le meublé de tourisme n'est donc qu'une location de vacances.

Les meublés de tourisme peuvent aussi bien être des appartements que des maisons. Le loueur peut être un particulier ou un professionnel. Le classement des meublés de tourisme n'est pas obligatoire, contrairement à leur déclaration en mairie.

Fiscalité

Les recettes sont en principe imposables dans la catégorie des BIC (bénéfices industriels et commerciaux).

Les meublés de tourisme peuvent être placés sous le régime des micro-BIC si les recettes annuelles ne dépassent pas les plafonds micro-entreprises. Le propriétaire peut alors bénéficier d'un abattement forfaitaire pour frais de 71%.

Exemple : Vous avez 10.000 € de loyer annuel, vous abattez 71% sur celui-ci, soit 7.100 €. Vous serez donc imposé sur 2.900 €.

Mais le propriétaire peut également choisir le régime de bénéfice réel.

L'imposition des revenus perçus par une Société Civile Immobilière (SCI) dépend du régime fiscal choisi par les associés. Elle peut être soumise à :

- L'impôt sur les revenus (IR),
- L'impôt sur les sociétés (IS).

La détermination du régime fiscal est très importante car elle induit des différences dans le montant des impôts.

La SCI soumise à l'impôt sur le revenu (IR)

Par défaut, une SCI est soumise à l'IR. On dit que l'imposition d'une SCI est alors transparente car ce sont les associés qui précisent directement sur leur déclaration de revenus les revenus fonciers dégagés par la société à hauteur de leurs parts.

Comme pour un investissement « en nom propre », la SCI peut déduire certains frais des loyers perçus afin de n'être imposée que sur les bénéfices réels et non sur l'ensemble des loyers perçus. Dans ce cas, l'associé déclare ses revenus fonciers au régime réel ;

En cas de déficit foncier, chaque associé peut le déduire de sa base imposable taxable à l'impôt sur les revenus à concurrence de ses parts et dans la limite de 10.700 € la première année (voir ci-dessus) ;

L'associé peut aussi choisir le régime du micro-foncier si l'ensemble de ses revenus fonciers ne dépasse pas le plafond de 15.000 € ;

Les plus-values immobilières seront imposées comme pour un particulier au prorata de la part qui revient à chaque associé lors de la vente d'un des biens immobiliers de la société, après application de l'abattement pur durée de détention dont bénéficient les particuliers.

La SCI soumise à l'impôt sur les sociétés (IS)

L'option pour le régime fiscal de l'impôt sur les sociétés pour tous les gains réalisés lors de la création d'une SCI ou en cours de vie.

Attention : ce choix est révocable pendant les 5 premières années, mais après ce délai, il ne sera plus possible de repasser à l'IR lorsqu'une SCI est passée à l'IS, et la révocabilité de l'option a des conséquences fiscales, la consultation d'un avocat fiscaliste est indispensable.

QUELS SONT LES PRINCIPAUX AVANTAGES DE L'OPTION POUR L'IMPOT SUR LES SOCIETES (IS) POUR UNE SCI ?

Si la société ne distribue pas de dividendes mais constitue des réserves, elle seule est imposée (les associés ne le sont pas), ce qui peut permettre aux associés de gérer, voire de neutraliser pour partie leur imposition.

En effet, les SCI soumises à l'IS bénéficient d'un taux réduit à 15% pour les revenus inférieurs à 38 120 € (le taux passe à 28 % au-delà) ;

Le résultat de la société est déterminé suivant des règles similaires aux bénéfices industriels et commerciaux (BIC). La société peut donc amortir le bien immobilier acheté (seuls les constructions sont amortissables, pas le terrain) et donc réduire considérablement le bénéfice imposable. De plus, les frais d'acquisition (frais de notaire) seront également déductibles sous ce régime fiscal contrairement à l'IR ;

La rémunération versée au gérant associé est déductible du résultat de la société.

QUELS SONT LES PRINCIPAUX INCONVENIENTS DE CETTE OPTION POUR UNE SCI ?

L'apport pur et simple (celui qui donne droit à des parts sociales sans autre contrepartie) est considéré comme une vente. Il entraîne donc le paiement de droits d'enregistrement à titre onéreux qui, pour un apport de bien immobilier, correspondent à 5% sauf régimes spéciaux. En revanche, l'apport est exonéré de tout droit s'il est effectué lors de la création d'une société transparente ;

Au moment de la revente d'un bien immobilier par la société, les plus-values sont imposables au taux de l'IS (elles entrent dans la détermination du résultat imposable de l'année de la vente). Un calcul est effectué sur la différence entre le prix de vente et la valeur nette comptable du bien figurant au bilan, après prise en compte des amortissements (la base taxable augmente donc au fil des années).

Aucun abattement pour durée de détention n'est pratiqué. Si l'associé emprunte personnellement pour réaliser un apport à la société et si celle-ci est soumise à l'IS, les intérêts d'emprunt qu'il paie ne sont pas déductibles de son impôt sur le revenu.

Attention : toute modification du régime fiscal de la société au cours de son existence et en particulier l'option pour l'IS a d'importantes conséquences fiscales, qui peuvent être très couteuses. Il est donc important de demander conseil à son avocat avant de se lancer dans ce genre d'opération.

TRAVAUX /MISE EN LOCATION / AUTOMATISATION

Travaux / meubles :

TRAVAUX

Il est maintenant temps, une fois les clés récupérées chez le notaire, de confier votre appartement à un artisan pour effectuer les travaux. Dans un premier temps, il faudra débloquer les fonds de travaux à la banque. Je vous conseille un déblocage par paliers :

- 30% d'acompte pour commencer les travaux,
- 40% d'acompte au milieu des travaux,
- 30% d'acompte après la fin des travaux.

Je vous recommande de bien suivre les travaux en allant au moins une fois par semaine sur le chantier afin de suivre leur avancée et discuter avec les artisans sur place. Deux semaines avant la fin des travaux, je commence à commander les gros meubles pour les faire livrer directement sur le chantier, de manière à ce que les artisans sur place se chargent de recevoir les colis. N'oubliez pas également de souscrire au moins 2 semaines à l'avance à un fournisseur d'accès à internet et à prévoir l'intervention d'un opérateur pour vous installer gratuitement la fibre, si possible. Et si vous voulez mettre Internet à disposition de vos locataires, commandez votre box TV/ internet.

MEUBLES

Demandez à votre artisan s'il peut vous proposer un kit « *clef en main* » en vous installant tous vos meubles à votre place. Sinon, il vous faudra meubler l'appartement par vos propres moyens. Cela va vous prendre un peu de temps. Personnellement, j'ai toujours meublé mes appartements seul. Je vous conseille de commencer par faire vos listes en ligne. Par exemple pour Ikea, rendez-vous directement sur leur site, remplissez le panier et ensuite imprimez-le. Vous êtes sûr de ne rien oublier quand vous vous rendrez en magasin. Vous pouvez également vous faire livrer. Je vais aussi sur les sites e-commerces célèbres pour me faire livrer ce que je ne trouve pas en physique. Cela revient d'ailleurs parfois moins cher que les enseignes physiques conventionnelles. Quand vous meublez entièrement un logement, faites preuve d'empathie et mettez-vous à la place du futur locataire pour ne rien oublier. Prenez un week-end ou mieux, une semaine complète pour rester dans le logement, y vivre et tester tous les appareils électroménagers, la douche, la cuisine, etc. N'achetez pas du bas de gamme ! Surtout pour de la location courte durée, les commentaires clients pourraient se faire ressentir. Dans ce type de location, literie et propreté doivent être irréprochables.

Mise en location / Automatisation

L'heure est venue de mettre l'appartement en location et bien entendu, de l'automatiser. Le but est de se dégager un maximum de temps pour pouvoir répéter le processus jusqu'à l'obtention de votre objectif de rente mensuelle. Faites de belles photos une fois les travaux terminés, n'hésitez pas à utiliser un photographe professionnel. Vous avez bien entendu la possibilité de mettre vous-même en place les locataires pour de la location classique ou la colocation. Pour trouver des locataires rapidement et simplement, je pense que vous l'avez deviné, nous utiliserons Leboncoin.fr. Faites une annonce de qualité avec vos superbes photos et une description unique qui donnera envie au futur locataire de venir visiter. Une fois la visite effectuée, le locataire vous déposera son dossier qui contiendra :

- Une pièce justificative d'identité en cours de validité comportant la photographie et la signature du titulaire ;
- Pour une personne en situation d'emploi, un contrat de travail ou, à défaut, une attestation de l'employeur précisant l'emploi et la rémunération proposée, la date d'entrée en fonction envisagée et, le cas échéant, la durée de la période d'essai ;
- Pour un étudiant, la carte d'étudiant ou le certificat de scolarité pour l'année en cours ;
- Les trois derniers bulletins de salaire ;
- Le dernier avis d'imposition ;
- Les trois dernières quittances de loyer du logement qu'il a précédemment occupé ou, à défaut, l'attestation du précédent bailleur indiquant que le locataire est à jour de ses loyers et charges ;
- Une personne (ou pas) qui se porte garant.

C'est ensuite à vous de choisir. Dans le cas où vous ne souhaitez pas entreprendre toutes les démarches, la recherche du locataire, les papiers à faire, gestion des litiges liés au logement, etc., vous pouvez vous dégager de cette gestion administrative en confiant votre logement à une agence immobilière qui s'occupera de tout en échange d'un% du prix du loyer. Les honoraires de gestion varient entre 5% et 10% du prix du loyer. Il y a également une rémunération à la signature du contrat de location (partagée entre le locataire et le propriétaire bailleur). L'inconvénient de ce système est que beaucoup de potentiels locataires évitent les agences en raison des honoraires qu'elles exigent. Pour avoir une meilleure rentabilité, il est bien entendu mieux de nous occuper nous-même de toutes ces formalités.

AUTOMATISATION

L'automatisation dans la pratique concerne en général la location courte durée, car elle nécessite une véritable organisation. Mais vous pouvez l'utiliser également pour des logements en location classique.

- **1er choix :** vous faites appel à une conciergerie dans votre ville, qui s'occupera du check-in, check-out, du ménage, du linge et de la gestion de l'annonce sur les différentes plateformes. Vous allez perdre en rentabilité effectivement car les conciergeries prennent en général un pourcentage sur le chiffre d'affaires, mais vous serez toujours au-dessus en terme de rentabilité que la location meublée ou la colocation. Si ce n'est pas le cas, c'est qu'il faut revoir votre investissement. Il n'y a pas de conciergerie dans toutes les villes. Soyez vigilant.
- **2ème choix :** Vous cherchez vous-même une personne qui pourrait gérer votre ou vos appartements. Pour ce faire, rendez-vous sur Leboncoin.fr et déposez une annonce de recherche d'un gestionnaire. Le plus dur est de trouver une personne qui soit auto-entrepreneur, ou alors il vous faudra

la convaincre de le devenir. Il vous restera ensuite à former le gestionnaire sur le terrain.

- **3ème choix** (le meilleur selon moi) : Vous montez vous-même votre société de conciergerie dans la ville où vous investissez. Même si vous n'avez qu'un seul appartement, votre société pourra s'occuper d'appartements appartenant à d'autres propriétaires, moyennant un pourcentage du chiffre d'affaires ou même faire de la sous location d'appartement. Ainsi, le gestionnaire que vous trouverez sera plus enclin à travailler pour vous en tant que micro-entrepreneur car il n'aura pas qu'un seul appartement à gérer mais plusieurs, donc un meilleur salaire pour lui. J'ai écrit dans la partie qui suit un chapitre sur la conciergerie.

FIN DU CHAPITRE SUR LA THEORIE

J'ai condensé un maximum d'éléments importantes dans cette partie qu'il vous faudra mettre en pratique. Il n'y a pas de secret, c'est maintenant à vous de jouer, rien ne se fera tout seul. Comme vous avez pu lire dans ma biographie, j'ai pas mal galéré au début, donc ne lâchez rien !

Pour faire suite à cette partie conséquente, je vous invite à suivre le QR code ci-dessous pour accéder à la formation gratuite.

Mindset

Nous avons chacun un parcours différent et une histoire qui nous est propre. Banal ou atypique, nous n'avons pas tous eu la ou les mêmes chances de départ, mais ce n'est pas grave. Ce qui est important et qu'il faut bien comprendre, c'est que nous sommes tous égaux en droit, et que rien ne doit vous empêcher de vouloir accéder à la prospérité.

Que l'on ne vienne pas d'une famille aisée, voire que l'on n'ait pas fait d'études par exemple, ne sont en aucun cas des freins à votre futur succès. Ce sont ce que l'on peut appeler des croyances limitantes. Nous sommes des êtres complexes qui passons beaucoup de temps à nous remuer les méninges, et l'on a souvent tendance à oublier l'essentiel : vivre libre !

Libre de ses choix, et donc de choisir ce qui est bon/fait pour soi. Libre de penser et de rêver, et donc libre d'entreprendre ce que l'on veut. Libre de se former et de s'instruire, et cela le moment voulu, sans que quiconque vous juge trop vieux, trop bête, ou trop ambitieux. En bref, personne d'autre que vous ne doit décider du déroulement de votre vie, et ceci est la base de toutes vos actions. Vous devez vous libérer du carcan social et familial, si ce dernier vous semble trop étroit ou peu approprié à vos objectifs de vie. Au final, on vit, on mange et on dort comme n'importe quel être humain sur la planète. Les deux seules choses dont nous sommes sûrs, c'est que l'on va mourir, et que l'on ne sait pas quand. Autant profiter de votre vie à fond, sans que rien ni personne ne puisse jamais vous laisser penser que vous n'êtes pas capable d'y arriver.

Une fois cette notion de liberté bien comprise, il faut apprendre à se regarder en face, dans le miroir, sans détourner les yeux de ce que l'on voit, et de s'accepter sans subterfuges. Vous verrez alors, qu'en y réfléchissant bien, l'on se rend souvent compte que l'on pourrait faire beaucoup mieux si l'on s'en donnait vraiment les moyens et si l'on exploitait ses compétences au maximum.

Lorsque l'on est convaincu que tout est possible, si l'on se prend en main et que l'on se fixe des objectifs à atteindre, alors rien ne pourra vous barrer la route de la réussite. Tout est une question de motivation, de travail, de persévérance, et de détermination. Retenez bien ces quatre mots.

Puis, si c'est simplement la façon d'entreprendre qui vous manque, et bien je vous offre un petit coup de pouce, pour que vous gagniez la connaissance et la confiance nécessaires pour vous lancer et ne plus avoir à regarder en arrière.

C'est de ce propos qu'il est ici question : Comment s'émanciper et devenir autonome ? Comment vous exercez au jour le jour pour améliorer vos performances physiques et intellectuelles ? Tel un instrument de musique, vous êtes le son, et il ne tient qu'à vous de ne pas sonner faux, et d'exceller votre partition.

Introduction

Le « mindset » ou l'état d'esprit/mentalité en français, est la clef de voûte de toutes vos ambitions, le nerf de la guerre comme on dit. Sans un mindset approprié, vos chances de réussite sont quasi-nulles, raison pour laquelle, avant toute chose, on se doit de s'attarder dessus avec précision pour qu'il soit le plus adéquat avec vos motivations. Vos performances sont inconditionnellement liées à ce dernier et il n'est donc pas à prendre à la légère. Pour avoir le bon mindset, il faut faire ce qu'on appelle du développement personnel.

Développement personnel

Tout d'abord, ce n'est pas un livre sur le développement personnel à proprement dit, mais il participe à cet effet pour une raison très simple : il est la somme de mon expérience en la matière, puis il est entièrement conçu de façon à devenir votre bible de poche pour que vous soyez entrepreneur. Je vous conseillerai par la suite des ouvrages uniquement destinés au développement personnel pour que vous puissiez approfondir le sujet si vous le souhaitez.

Pourquoi est-il important ?

Il est de coutume de dire que passer à la vie d'entrepreneur, c'est 70% dans la tête et 30% de stratégie et business. Pour moi, 80% de la réussite résulte du fait de changer sa façon de penser. L'étroitesse de nos esprits nous empêche souvent de nous voir tel que nous le sommes, libres et indépendants, et surtout d'exploiter notre capacité de création de manière optimale. Ce qui suggère un travail profond de déprogrammation de nos croyances, puis de reprogrammation pour être à même de passer à l'action par la suite.

Métro boulot dodo

Le concept de métro-boulot-dodo est tiré d'un vers écrit par Pierre Béarn, homme de lettres à succès au talent très éclectique, écrit en 1951.

Extrait de *Couleurs d'usine*, recueil de poésie paru chez Seghers en 1951 :

« Au déboulé garçon pointe ton numéro

Pour gagner ainsi le salaire

D'un morne jour utilitaire

Métro, boulot, bistro, mégots, dodo, zéro »

Cette expression, désormais populaire, était l'un des slogans prédominants des évènements de mai 68 à Paris. Censée représenter le rythme journalier des Parisiens, ou plus généralement des citadins, c'est avant tout une critique de la morosité et de la répétition constante d'un quotidien vu sans issue possible.

Petite introduction au métro-boulot-dodo comme je le perçois

Depuis tout jeune, le système nous apprend le salariat comme modèle dominant de vie en société. Le salariat consistant essentiellement à travailler pour payer la vie du quotidien. On nous pousse à redoubler d'efforts pour tenter d'avoir une bonne situation, pour un jour construire une famille, acheter une maison, adopter un chien, et acquérir une belle voiture par exemple. Grosso-modo, on nous forme à rentrer dans les rangs et à faire comme tout le monde. On nous inflige le travail comme religion, que la société agite tel un miroir aux alouettes pour que l'on ne se s'égare pas du chemin en court de route. On nous donne comme but de nous installer durablement dans une routine, qui n'est malheureusement pas toujours la plus plaisante. On nous somme de ne pas faire de vague, de suivre les consignes et surtout de ne pas nous marginaliser. Sinon, le risque de tout perdre et de nous retrouver chômeur nous pend au nez.

Est-ce vraiment la seule façon de vivre ?

Lorsque nous travaillons 5 jours sur 7 par semaine, pour n'avoir que les weekends de libre, notre vie à nous c'est de vivre entre notre temps de travail. On échange 2 jours de repos et un salaire contre 5 jours qui, eux, appartiennent à notre employeur. En gros, presque 70% de notre semaine ne nous est, du moins pas directement, consacrée. Vous me direz qu'on ne travaille que 8 heures par jours, et que ça ne fait pas une journée complète... certes, mais qui peut dire qu'une journée de travail n'empiète pas sur son temps de libre avant ou après son emploi ? Si l'on prend en compte les transports et les contraintes de la vie professionnelle, comme se coucher tôt pour être en forme, repasser ses vêtements et autres ... pas besoin d'avoir fait « Maths sup' » pour constater qu'il ne nous reste que 30% de « véritable » temps libre, notre weekend. Et encore, « temps de libre » il faut le dire vite, puisqu'il faut faire les courses pour la semaine, déposer la voiture au garage, ranger l'appartement, trier ses papiers, payer ses factures, aller chez le dentiste, etc.... en gros, tout ce que l'on n'a pas forcément eu le temps de faire pendant la semaine.

Est-ce la vie que je désire ?

Du matin au réveil, toujours trop tôt pour être sûr d'arriver à l'heure, jusqu'au soir après notre journée de travail, on met en place une routine pour être efficace. Il faut se préparer rapidement chaque jour pour prendre les transports : le métro ou le bus, qui sont souvent astreignants et fastidieux, surtout aux heures de pointes, ou alors la voiture, qui, s'il y a des bouchons devient angoissante. Sans parler du stationnement. Ce n'est pas une routine qui vise à donner le sourire.

Arrivé au travail, notre patron n'est pas toujours agréable et nos collègues non plus, sans parler des tâches récurrentes de notre profession qui ne ressemblent en rien à une sinécure, du manque de reconnaissance au travail qui est souvent moteur de stress. Sur le lieu de travail, c'est notre patron/manager, ainsi que nos collègues dans une certaine mesure, qui décident de la qualité de notre besogne. Allez donc dire à votre patron que vous faites du bon travail par exemple, vous serez bien reçu ! Au contraire, on est bien souvent en attente de reconnaissance, et la difficulté la plus courante est de ne pas la recevoir, soit pleinement (on reste sur sa faim), soit adéquatement (de manière peu propice), voire même pas du tout. Cela peut avoir à la longue affecter et détériorer notre confiance en nous-même. Lorsque l'on attend de l'autre qu'il nous juge, on perd la notion de notre propre estime de soi. On s'en remet à ce que l'autre pense de soi.

Reste le salaire, qui joue le rôle de baromètre de la qualité de notre travail, et ce qui se définit par « l'argent tend à rendre les relations moins naturelles et installe un esprit de compétition entre salariés », ce qui crée un climat de tension et peut rendre les négociations de contrat plus périlleuses. Mais le travail en lui-même peut être gratifiant, on peut se sentir utile à la société, aux consommateurs, aux clients, etc. Cependant, les salaires étant nivelés par le bas et les horaires toujours plus longs, il n'est pas rare que les fins de journées se fassent attendre avec impatience.

Pour tenir le coup, il nous reste la motivation, la lueur d'espoir d'obtenir une petite augmentation à la fin du mois, voir qu'un meilleur poste se libère. D'ailleurs, si l'occasion se présente, il faudra jouer vaillamment sa chance. D'abord, pour avoir plus de reconnaissance sociale puis pour recevoir le salaire qui va avec, évidemment. Mais qui dit augmentation dit aussi plus de responsabilités et donc plus de travail, soit plus de pression, et peut-être moins de repos, en tout cas moins de temps de cerveau disponible le weekend en famille, avec ses amis, son/sa conjoint(e).

Une fois l'augmentation obtenue, la vie suivant son cours, l'on va se projeter de déménager dans un appartement plus grand, mieux localisé, voir même plus près de notre lieu de travail, pour avoir moins de temps de transport le matin et le soir. Mais cela coûte plus cher, par contre. Tout comme les vacances, comme chaque année avec l'inflation et les prix qui ont encore grimpé. Grace à notre augmentation, si petite soit-elle, on va pouvoir s'offrir de dépenser un peu plus que l'année précédente. Et c'est normal, parce que nous le méritons bien. Puis l'on va pouvoir acheter une nouvelle voiture. C'est utile pour la vie de tous les jours, et puis ce n'est pas comme-ci on jetait l'argent par les fenêtres. Certes, nous n'avons pas beaucoup d'économies, mais nous pouvons faire un crédit, c'est fait pour ça. De toute façon, nous allons redoubler d'effort cette année et travailler d'arrache-pied, travailler plus pour gagner plus, tout simplement. On se dit que c'est temporaire de toute façon, que nous allons finir un peu plus tard en semaine c'est sûr, voir même bosser un peu le weekend pour être dans les temps, mais nous rattraperons le temps perdu plus tard dans quelques années lorsque nous aurons obtenu une meilleure situation.

Ce raisonnement certes un peu simpliste mais réaliste, de notre vie professionnelle de tous les jours, montre notre fonctionnement, quels sont nos désirs et nos ambitions lorsque nous sommes salariés.

Une fois dans l'engrenage, nous faisons désormais parti de la mécanique du système. Nous respirons système, nous parlons le langage du système, utilisons ses codes, et ses aberrations. Convaincu, nous en sommes devenu un rouage, peut-être même un maillon fort, c'est notre patron qui le dit. Cela dit, la reconnaissance de nos pairs n'offre pas que nous soyons complètement satisfait. Logique, puisqu'après tout nous vendons nos bras et nos têtes pour satisfaire le bien d'autrui, et non pas le nôtre. Parfois, nous avons tout de même l'impression d'être pris dans le système comme dans un piège à loup, et pour les plus chanceux, notre patron dissipera tout soupçon en nous offrant quelques jours de congés supplémentaires, bien mérités, dira-t-il.

Le système nous fait croire que c'est normal, que tout va bien, qu'on a tous des moments de faiblesse où l'on voudrait tout plaquer, aller voir ailleurs, redevenir libre, mais que la vie est ainsi faite et que tout le monde doit travailler pour vivre. Et puis, la pression sociale nous ramène à la raison, nous fait dire que ça serait dommage de tout foutre en l'air : si nous le faisons pas pour nous, faisons-le au moins pour le bien de notre famille, pensons à notre futur.

Puis se reproduit le même schéma, encore et encore, jusqu'à l'épuisement.

Les années sont passées et, entretemps, nous nous sommes dégarni, les enfants sont majeurs et entament leurs études. Ils ne veulent pas faire comme papa ou maman, « trop nul comme vie » disent-ils.

Dans notre boîte, nous avons atteint un plafond, notre bureau ne s'agrandira plus désormais. Les petits jeunes qui débarquent bossent mieux que nous, la technologie à évoluer, et nous n'avons plus les crocs de toutes les manières. Malgré notre lassitude, il va nous falloir attendre patiemment jusqu'au bout.

Puis un jour la délivrance est là, notre retraite.

« Félicitations, nous dit-on, vous avez 65 ans, et vous êtes enfin libre ». Enfin, libre… Avec notre retraite, qui est moins élevée que celle de nos parents, ce qui est contradictoire, parceque si nous ne nous trompons pas, nous avons bel et bien travaillé plus longtemps eux. En tout cas, pas le choix, il va bien falloir s'en accommoder.

Qu'avons-nous fait du reste de notre vie ?

Vous savez, les deux jours de weekend par semaine et les quatre semaines de vacances que nous avions entre nos périodes de travail ? Nous ont-elles suffi à vivre pleinement nos plus belles années ? Avons-nous profité pleinement de notre famille, de l'éducation de nos enfants ? Avons-nous pu voyager dans le monde entier et apprendre d'autres langues, découvrir d'autres cultures, repousser nos limites et devenir notre meilleur soi ? Car, maintenant que nous avons mal au dos et que notre mémoire commence à nous jouer des tours, ce sera peut-être un peu tard pour tout recommencer non?

Nous allons donc devoir nous satisfaire de ce que nous avons alors, un peu comme lorsque nous travaillions, finalement.

Liste de points à développer pour s'émanciper.

Voici votre sacerdoce :

- Les croyances limitantes
- La zone de confort
- La zone de connaissance
- La procrastination (fun fact : journée de la procrastination en France, le 25 mars)
- Se chercher des excuses
- La peur de l'échec / Le manque de confiance en soi / Les pensées négatives

Tous ces mots vous sont familiers ? Certains d'entre eux ?

Il faut bien assimiler que bien que nous soyons tous différents, de milieux différents, d'origines et de cultures différentes, et d'histoires familiales différentes, nous avons tous en commun, en tout cas pour les français, l'école obligatoire jusqu'à 16 ans. Nous avons reçu la même éducation scolaire, donc d'une certaine façon nous sommes faits dans le même moule. A l'école, on ne vous apprend pas à devenir libre mais plutôt à devenir de futurs citoyens modèles, formatés à devenir ce que la société de consommation nécessite le plus pour son fonctionnement, des salariés.

La société nous recommande vivement de faire des études après le baccalauréat, pour se former et accéder à une profession qui serait plus convoitée et prestigieuse, et souvent mieux rémunérée. Elle utilise ce levier comme un ascenseur social par le salariat qui permettra de juger de votre identité de travailleur, dans une compétition acharnée à qui aura le plus haut rang. Ajoutez à cela le fait que, pour la grande majorité d'entre nous, nos parents ne sont pas investisseurs eux-mêmes, et donc il y a de forte chance que vous le ne deveniez pas non-plus.

Les croyances limitantes

L'impact des croyances limitantes dans votre cadre de vie d'adulte est largement déterminé par votre éducation. Comme dit plus haut, l'école n'est pas formatrice d'entrepreneur/investisseur, et sans aucune base au préalable, il est difficile de s'imaginer en devenir un. Et c'est sans compter la course à la sécurité de l'emploi et la précarité de salaires qui vous ordonnent de voir moins grand, de vous résoudre à une profession qui ménage la chèvre et le chou, pour ne pas prendre trop de risques d'une part, toujours soumis à toujours plus de pression sociale et familiale, mais aussi tout en aspirant à gagner plus. Bien complexe de se projeter en dehors des schémas préétablis quand on est absorbé par la dure réalité de la vie de tous les jours.

Ce sont vos croyances limitantes qui s'expriment ici. Elles vous envoient les signaux de rester modéré dans vos choix et de prendre le moins de risques possibles. Quand bien même vous auriez l'envie de voir plus loin et d'envisager de vous projeter, d'investir dans une entreprise ou autre, ce sont elles — encore — qui vont vous dire de ne pas vous enflammer, et que tout ceci n'est qu'un rêve insaisissable, réservé à une élite. Les croyances limitantes se chargent de vous ramener sur terre, comme on dit. Ces dernières sont très fortes et nous laissent croire qu'il est risqué, voire impossible, de faire quelque chose que l'on n'a jamais fait. A cause d'elles, nous nous mettons des barrières invisibles.

Comment venir à bout de vos croyances limitantes ?

Les pensées ont un grand pouvoir sur la prise de décision. Elles peuvent donc vous aider à vous construire mais aussi à vous nuire si vous n'arrivez pas à penser de la bonne manière. Il est donc conseillé d'apprendre à influencer vos pensées positivement pour obtenir des résultats positifs.

Cette tâche n'est pas toujours facile car il est primordial de réussir à se remettre efficacement en question et cela n'est pas instinctif. Nous avons surtout tendance à identifier des causes extérieures comme le fait de ne pas avoir les capacités nécessaires, ni l'intelligence ou même la créativité.

Toutefois, il est tout à fait possible de réussir à réaliser ses objectifs si on arrive à se mettre dans un bon état d'esprit. La loi de l'attraction est tout à fait valable pour cela ! Mais penser à la réussite ne vous suffira pas, il faudra également réussir à y croire pour vous donner les moyens d'atteindre vos objectifs.

Voici trois méthodes qui vous aideront à dépasser vos croyances limitantes efficacement.

Penser à mettre en place les affirmations dites positives. Cette méthode est assez connue pour son efficacité sur les croyances limitantes mais aussi pour sa facilité d'exécution. Il faut tout d'abord avoir l'envie et la motivation d'adopter une nouvelle manière de penser, sinon cela ne marchera pas et vous perdrez du temps pour rien. Si vous avez pris votre décision, lancez-vous ! Il faut compter environ 21 jours pour réussir à adopter une nouvelle habitude, à condition d'être régulier et d'y croire réellement. Ensuite, pensez à des phrases positives, répétez-les à voix haute ou enregistrez-les pour les écouter chaque jour quand vous avez un peu de temps.

Agir « comme si ». Vous ne verrez pas une grande différence par rapport à la méthode précédente car le principe reste assez similaire, mais au lieu d'utiliser des phrases pour modifier votre pensée, vous devez mettre à profit vos actions. Remplacez vos attitudes négatives par des équivalents positifs pour adopter de nouvelles habitudes. Par exemple, si vous manquez de confiance en vous, adoptez l'attitude contraire en marchant avec assurance, la tête haute ! Si vous ne savez pas comment faire, prenez tout simplement exemple sur des personnalités qui vous inspirent comme des acteurs et actrices, par exemple. Commencez par vous entrainez chez vous, à l'abri des regards, vous arrivez ainsi plus facilement à vous habituer à une nouvelle démarche et adopterez de nouvelles attitudes. Après quelques entrainements, vous pourrez recommencer vos imitations jusqu'à oublier vos mauvaises habitudes. Vous aurez rapidement plus de confiance en vous grâce à cette méthode.

Utiliser la visualisation créative. Cette dernière méthode présentée est très efficace pour modifier votre manière de penser. Cela n'est pas facile mais vous obtiendrez suffisamment de résultats en accédant directement à votre subconscient. N'hésitez plus pour mettre en pratique ces trois méthodes afin de modifier votre pensée efficacement après une courte période.

TRAVAILLER SUR VOTRE ZONE DE CONFORT

Voici quelques conseils pour sortir efficacement de votre zone de confort.

La zone de confort est un concept très souvent ignoré à tort car il joue un rôle majeur dans votre développement. Votre comportement est directement lié à cette zone de confort, mais cela concerne également vos proches.

Le fait de prendre des risques et de changer ses habitudes n'est pas simple et c'est pour cela que peu de personnes s'y aventurent. Toutefois, si vous vous lancez, vous bénéficierez de nombreux avantages. C'est en sortant de votre zone de confort que vous réussirez à penser autrement tout en faisant travailler votre créativité.

Si cette idée de changement vous effraie, essayez de vous souvenir des instants majeurs de votre vie. Vous vous rendrez rapidement compte qu'ils sont précieux car ils ne correspondent pas à votre zone de confort.

Il ne faut donc pas hésiter à vous diriger vers de nouvelles expériences, vous en tirerez une grande satisfaction et cette expérience vous donnera de merveilleux souvenirs. Chaque moment passé en dehors des sentiers battus vous permettra de vivre un grand moment de ravissement, sans oublier la satisfaction personnelle qui en ressortira.

Ainsi, pourquoi les individus ont-ils tendance à rester dans leur zone de confort si le reste apporte autant de satisfaction ? Tout simplement parce que l'inconnu fait peur et qu'il est difficile de prendre des risques. Toutefois, c'est en les prenant et en sortant de sa zone de confort que l'on prend confiance en soi et que l'on peut être fier de ce que l'on fait.

Voici donc quelques conseils pour vous aider à aller de l'avant en prenant des risques !

Ouvrez les yeux sur ce qui se situe au-delà de votre zone de confort. Vous devez identifier ce qui est en dehors de votre zone de confort pour être en mesure de la délimiter. Faites donc une liste ou deux cercles pour visualiser précisément votre zone de confort et ce qui en sort. Cela semble assez peu mais si vous visualisez clairement où vous êtes et ce que vous devez atteindre, vous gagnerez en efficacité.

Apportez de la clarté à vos futures épreuves. Lorsque la liste de vos risques à prendre est fixée, ne vous arrêtez pas là. Prenez le temps de décrire tout cela en y notant vos émotions, ce que vous souhaitez surmonter au niveau des peurs par exemple. Faites cela pour chaque situation afin de développer votre liste avec précision pour fixer vos objectifs efficacement. Vous pouvez par exemple noter que vous avez peur de parler en public, ou qu'aller vers quelqu'un vous terrifie. Essayez également de connaitre la raison de chaque peur pour bien vous préparer. Vous pouvez avoir du mal à supporter le son de votre voix, cela contribue à votre peur d'interaction en public. Vous pouvez aussi avoir peur d'être ignoré ou ne pas accepter votre apparence. Prenez le temps de fixer vos peurs et les raisons afin d'agir efficacement et le plus rapidement possible.

Apprenez à faire face à votre malaise. Si vous souhaitez vous améliorer, il faudra apprendre à aller au-delà de votre zone de confort. Mais pour cela, il faudra procéder par étape afin de réussir le plus simplement possible. Vous pouvez par exemple commencer par élargir votre zone de confort. Cela vous permettra de réaliser des objectifs facilement atteignables sans pour autant risquer un échec. Alors commencez par ne plus ignorer les situations embarrassantes. Faites face aux moments inconfortables pour les apprivoiser et vous en sortir progressivement. Par exemple, en ce qui concerne les interactions sociales, si vous commencez à vous sentir mal à l'aise en société, ne fuyez pas. Vous devez rester fort lors d'une nouvelle rencontre en essayant par exemple de lui parler un peu plus longtemps que d'habitude. Plus vous recommencerez l'exercice, plus vous prendrez confiance en vous. A terme, la situation ne sera plus aussi inconfortable et vous pourrez progresser sur de nouvelles choses tout en continuant à élargir votre zone de confort.

N'ayez pas peur de l'échec. L'échec est perçu comme une chose très négative, on veut donc l'éviter à tout prix. Et pour s'épargner un échec, on évite de prendre des risques. Mais cela vous empêche également d'atteindre certains rêves et de vivre de nouvelles expériences enrichissantes. Considérer l'échec comme un chose négative est une erreur car ce sont justement les échecs qui vous permettent de progresser. Alors ne perdez pas de temps en vous reprochant vos échecs, prenez plutôt le temps d'en tirer du positif. Qu'est-ce que cela vous a appris, quelle leçon en tirer et comment changer les choses ?

En tirant profit de vos échecs, vous arriverez à obtenir quelques avantages qui vous permettrons d'augmenter vos chances de réussite dans le futur, alors ne considérez pas l'échec comme un élément à éviter par-dessus tout !

Avancez sans aller trop vite. Il est inutile de vous fixer un grand objectif dès le départ, cela risquerait de vous apporter une mauvaise expérience et peu de choses positives à en tirer. Essayez de vous fixer des objectifs par paliers de difficultés pour avancer doucement en enchainant les victoires. Par exemple, si vous voulez apprendre à vous sentir plus à l'aise en public, ne commencez pas par prendre la parole au milieu d'une grande foule. Commencez par discuter avec de petits groupes tout en renouvelant l'expérience plusieurs fois pour acquérir plus de confiance en vous. Si vous avez vraiment peur de vous lancer, débutez par votre famille et vos amis pour vous aider puis passez aux inconnus pour vous entrainer et aller toujours plus loin dans vos progrès !

Rapprochez-vous de ceux qui sortent de leur zone de confort. Cela semble surement étrange mais vous en tirerez des bénéfices. Entourez-vous de personnes trouvant le courage et la motivation nécessaire pour sortir de leur zone de confort. Vous entourer des bonnes personnes sera très utile pour apprendre à vous améliorer. Vous pouvez ainsi vous inspirer et imiter ceux qui maitrisent cette prise de risque et cela vous aidera à progresser plus rapidement en prenant exemple sur les courageux qui prennent des risques. À terme, leur influence aura un effet sur votre comportement et vous obtiendrez de grands avantages.

Restez honnêtes avec vous-même. Arrêtez de vous trouver des excuses lorsque vous renoncez à prendre des risques. Vous connaissez les excuses récurrentes : vous manquez de temps, vous n'avez aucune chance de réussite, etc. La véritable raison est bien souvent que vous avez tout simplement peur de faire ce qu'il faut, c'est-à-dire sortir de votre zone de confort. Alors restez honnêtes et accepter d'avoir peur pour réussir à surmonter vos objectifs. En vous montrant honnête avec vous-même, vous pourrez faire face aux éléments vous effrayant et vous arriverez plus efficacement à avancer en surmontant chaque épreuve.

Visualisez les solutions possibles. Si vous prenez le temps de visualiser les différentes solutions possibles pour vous sortir de votre zone de confort, vous gagnerez en efficacité. Le fait de devenir plus à l'aise en public aura des conséquences positives pour vous et certains avantages sur le long terme. Il est très important de les identifier pour avancer avec motivation. Cela vous aidera à affronter vos peurs à chaque instant, vous pourrez ainsi dépasser votre timidité et vous développer sur le plan personnel et professionnel.

Ne soyez pas trop sérieux. Ne restez pas trop sérieux durant vos épreuves, apprenez à vous détendre. Il sera bien plus intéressant de rire de certaines erreurs plutôt que de vous braquer à la moindre difficulté. Il faut avoir conscience que chaque prise de risque peut conduire à des échecs et de mauvaises expériences. Vous aurez donc l'impression de passer pour une personne stupide au moindre faux-pas. Alors restez fort, apprenez l'autodérision et ne vous laissez pas atteindre par les quelques personnes qui se moqueront de vous. Vous gagnerez rapidement le respect de chacun et vous apprendrez bien plus vite à réussir !

N'oubliez pas le plaisir. Appréciez la prise de risque et le fait de surmonter différentes épreuves. Voir le positif et passer un bon moment vous aidera à avancer plus vite et plus loin mais vous aurez également plus de motivation. Alors n'attendez pas pour apprendre à vous connaitre et apprenez à être satisfaits de vos progrès au quotidien.

Un ennemi redoutable, la Procrastination.

Il vous arrive très souvent de reporter à plus tard de nombreuses tâches. Vous évitez de vous débarrasser au plus vite des tâches désagréables car cela ne vous donne pas du tout envie. C'est tout à fait normal de ne pas vouloir faire les choses immédiatement, mais de nombreuses personnes ne réagissent pas ainsi. Beaucoup de personnes se débarrassent au plus vite des corvées désagréables pour garder les tâches motivantes et avoir l'esprit tranquille toute la journée. A l'inverse, d'autres commencent par ce qui les motive pour finir par les moments négatifs.

Si vous êtes du genre à repousser les moments embêtants, vous ne devez pas rester ainsi alors lisez vite la suite !

Le problème de l'incertitude. Procrastiner est souvent lié à un élément clé : l'anxiété. Le fait de remettre à plus tard l'action ou la tâche à effectuer est souvent lié à cette peur de l'échec qui est évitée. Si vous n'essayez pas, vous ne risquez pas d'échouer ! Cela vous permet donc d'éviter une source de stress et de vous protéger en restant dans votre zone de confort. En fonction de la tâche à effectuer, vous pouvez manquer d'assurance, être incertain, avoir peur d'un manque de capacité, etc. Quelle que soit la raison, cet évitement vous permet de déjouer un manque potentiel de compétence en ignorant la tâche qui vous inquiète. Cela peut être valable dans chaque domaine, comme par exemple les relations sociales. Vous pouvez éviter de prendre des rendez-vous pour repousser le moment de la rencontre où il faudra échanger avec l'autre. Il est également possible de repousser les choses à cause d'une incertitude concernant la tâche elle-même. Le fait de ne pas disposer d'assez d'informations peut vous inquiéter et vous conduire à repousser l'acte. Vous ne savez pas comment affronter le problème, combien de temps cela va vous prendre ni quelle expérience est requise pour venir à bout de tout cela. La réalisation semble donc compliquée si les obstacles sont nombreux et peu identifiés. Si vous manquez de confiance en vous, cela devient rapidement difficile à surmonter car vous choisirez toujours l'option la plus *safe*. Vous ferez donc les tâches que vous maitrisez avant de vous lancer dans l'inconnu inquiétant.

Être trop exigeant. Vous pouvez faire preuve de procrastination en rencontrant un problème de maitrise de la situation pour mener votre projet à terme, mais ce n'est pas le seul obstacle. Vous pouvez avoir un grand manque de confiance en vous, mais également vous montrer trop perfectionnistes. Il est tout à fait normal et valorisant de vouloir bien faire, mais à vouloir trop bien faire, vous allez vous desservir. Ce n'est pas en se montrant perfectionniste que vous allez réussir à faire vos preuves et à lever vos doutes, bien au contraire. Si vous avez des objectifs trop élevés, vous n'arriverez pas à les atteindre et cela se soldera par un échec. Vous ne pourrez pas montrer votre propre valeur et vous risquez même d'altérer votre image en voulant bien faire. Vous vous sentirez incompétent et cela vous fera perdre toute motivation. Il faut donc éviter de tomber dans le piège de la recherche de perfection à tout prix. Cela vous découragera et au lieu d'essayer de bien faire tout en risquant un nouvel échec, vous choisirez de ne rien faire du tout.

Estimer efficacement votre temps. Le temps est au centre de la procrastination et c'est souvent ce qui sert d'excuse en vous disant « *je n'ai pas le temps* ». Vous vous sentez toujours en retard et l'estimation du temps est quelque chose de très difficile à cerner. Vous avez très certainement tendance à vous dire que la tâche prendra peu de temps, que vous pouvez le faire plus tard. Et vous surestimer également le temps qu'il vous reste. A terme, vous finissez par faire l'autruche en sentant le retard arriver, cela vous évite d'affronter le temps qui passe et la réalité qui vous forcerait à réagir. C'est en agissant ainsi que vous vous y prenez trop tard et que vous échouez. La tâche n'était pas insurmontable mais vous n'y avez pas consacré assez de temps et cela a fini par vous desservir. Il existe aussi un autre piège lié au temps qui vous conduit à prendre du retard sur certaines choses. Il s'agit du piège des fausses urgences que vous faites passer en priorité car elles sont plus simples et plus motivantes à réaliser. Vous mettez donc de côté ce qui vous ennuie en partant du principe que l'autre travail à effectuer est plus important mais aussi plus urgent.

C'est à force d'accumuler les fausses urgences que vous finissez par manquer de temps pour ce que vous avez si bien repoussé jusque-là. Enfin, la procrastination peut rencontrer un autre facteur lié à l'hyperactivité. Si vous êtes désordonnés et que vous avez de réels problèmes au niveau de l'attention (ce qui existe chez l'enfant mais aussi l'adulte), vous aurez de grandes difficultés à finir un projet. En effet, il sera très difficile pour vous de commencer une action et de la mener jusqu'au bout sans rencontrer un problème entre-temps. Si vous passez votre temps à vous éparpiller en passant d'un élément à un autre, vous n'arriverez jamais à finir la moindre étape complètement. Vous commencez donc de nombreuses choses sans jamais les terminer et vous finissez par vous perdre tout en perdant votre concentration en cours de route. Il faut également savoir que les écrans et supports numériques divers ne vous aideront pas à vous focaliser sur votre tâche alors prenez les mesures nécessaires pour vous en sortir.

Se méfier des bonnes résolutions. Prendre des résolutions est une bonne chose, mais il existe une bonne et une mauvaise manière de prendre ses résolutions. Si vous décidez de prendre une résolution d'un jour à l'autre, votre grande résolution telle que « la procrastination, c'est fini » ne tiendra pas très longtemps. Cette résolution n'aura donc pas de réel sens et elle sera contre-productive. Si vous voulez que cela fonctionne, vous devez préparer votre résolution, faire un plan d'action et suivre chaque étape pour éviter l'échec ou le découragement qui peut très vite arriver. Il faut donc éviter de passer par des illusions et vous concentrer prioritairement sur un chemin ciblé qui vous apportera satisfaction. Vous devez donc analyser votre comportement pour connaitre vos points forts, vos faiblesses et identifier vos motivations. C'est-à-dire pourquoi vous voulez changer et dans quel but vous souhaitez mettre en place certaines résolutions dans votre vie. Vous pourrez ainsi vous fixer des objectifs clairs basés sur une méthode construite. Pour commencer à rattraper votre retard qui existe très certainement dans différents domaines (travail, rangement, ménage, classement, bricolage etc.), commencez par faire une liste complète. Ensuite, classez par ordre de priorité en prenant en compte l'urgence de la tâche au niveau de sa réalisation mais aussi la pénibilité qu'elle engendre pour vous. Pour votre classement, il faudra accorder plus d'importance au critère concernant la priorité de réalisation. Ces différents éléments à mener à terme vous permettra de réduire votre liste assez rapidement tout en gagnant en motivation et en confiance en vous. Alors même si ce sont des tâches qui n'ont pas de réelle date de fin, forcez-vous à les accomplir pour vous et vos proches, vous vous sentirez bien mieux ! Si vous êtes dans une impasse avec deux éléments au même niveau, prenez-en compte la pénibilité pour et choisissez la tâche la plus courte à effectuer pour vous motiver dès le départ.

Les mauvaises excuses.

De nombreuses personnes sont à la recherche du bonheur et elles cherchent des moyens pour améliorer leur vie de manière significative car leur situation ne leur convient pas. Pour réussir à accéder au bonheur, une chose est assez simple à faire pour commencer. Il faut arrêter de se chercher des excuses pour fuir le changement et ainsi la possibilité d'améliorer sa vie. Il est tout à fait humain de penser à nos échecs, nos difficultés, les erreurs dans notre comportement. Mais il est assez rare de considérer que l'on est dans l'erreur pour nous-même avec notre propre comportement. L'égo est un grand facteur de ce manque de discernement et il empêche de s'améliorer. Mais si vous avez l'intention de changer de vie et de réussir à accéder au bonheur, il faudra faire face à votre égo et arrêter de vous cacher derrière des excuses. Pensez à reprendre le contrôle de votre vie ! Pour commencer, il faudra identifier le problème pour trouver des solutions concrètes. Alors avant toute chose, essayez de déterminer si vous avez un problème au niveau de votre comportement ou non. Vous ne savez pas comment voir si vous avez un problème de mauvaise excuse chronique ? Voici des signes qui ne trompent pas.

Le travail de groupe : si vous avez tendance à rejeter la faute sur les autres lorsque vous travaillez en groupe au lieu d'accepter votre rôle et votre propre échec, vous mettez en avant de mauvaises excuses.

Votre réaction face à la vie : si dans les moments difficiles vous blâmez facilement votre situation, les personnes mais aussi les circonstances extérieures, vous cherchez de mauvaises excuses pour éviter de vous remettre en question. Il n'est pas facile d'avouer que l'on se trouve de mauvaises excuses car cela signifie que vous avez fait des erreurs et que vous êtes responsable de votre échec. Mais il est très important d'admettre votre responsabilité et vos erreurs si vous cherchez à avancer tout en reprenant le contrôle de votre vie. Si au contraire vous passez votre temps à vous cacher derrière de mauvaises excuses, vous ne pourrez pas vous améliorer car vous n'aurez pas conscience de vos erreurs. Il sera donc très difficile d'apprendre si vous rejetez votre propre responsabilité sur d'autres facteurs. Alors ne perdez pas votre temps et votre énergie, libérez-vous des mauvaises excuses sans attendre pour aller de l'avant et progresser dans votre vie. En choisissant de prendre vos responsabilités dans votre vie et pour vous-même, vous serez à-même de réagir comme il faut et au bon moment ! A terme, vous apprendrez à éviter certaines situations au lieu de chercher un autre coupable que vous lorsqu'il n'y en a pas. Le fait de prendre ses responsabilités est un bon moyen pour faire un travail sur soi tout en réalisant ses objectifs sans avoir recours aux mauvaises excuses. Lorsque vous aurez franchi cette prise de conscience, vous pourrez vous lancer et changer votre vie ! Alors rappelez-vous de ces mauvaises excuses, de votre comportement, de vos lacunes et de votre situation. Identifiez les différents problèmes et lancez-vous pour changer les choses. Cherchez des solutions adaptées pour progresser pas à pas en combattant les mauvaises excuses. Vous en êtes tout à fait capable, il faut surtout vous investir personnellement pour vous donner les moyens de réussir et de changer. Mais n'oubliez pas que ces mauvaises excuses sont un instinct humain car nous avons tous tendance à chercher des excuses justifiant un échec car cette méthode est bien plus facile que d'assumer une erreur venant de nous-même (à cause d'un manque de compétence par exemple, ou d'une erreur de jugement). Mais bien que cette réaction humaine soit tout à fait normale, il est important de lutter contre cette mauvaise habitude pour agir efficacement et vous améliorer à votre rythme. Lorsque vous aurez commencez à lutter contre les mauvaises excuses, vous pourrez accéder plus facilement à une nouvelle vie et au bonheur. Cet effort vous rendra autonome et vous rendra le contrôle de votre vie. Alors ne perdez pas de temps pour vous améliorer et pour réussir à changer votre quotidien. Chaque étape franchie vous aidera à vivre une vie meilleure sans avoir recours aux mauvaises excuses pour fuir la réalité.

FAIRE FACE A VOTRE PEUR DE L'ECHEC POUR PROGRESSER

Imaginez à quoi pourrait ressembler votre quotidien si la peur de l'échec n'en faisait pas partie. Cela semble trop beau pour être vrai, mais le courage changerait votre vie de manière significative si vous aviez la force d'aller de l'avant sans vous brider à cause de la peur. Et l'envie de fuir l'échec est commun à chacun.

Imaginez à quoi pourrait ressembler votre existence si vous n'aviez jamais le courage de faire quoique ce soit pour avancer. Si vous visualisez une vie où la peur domine vos actions, vous verrez certainement une vie assez triste qui ne vous donne pas du tout envie.

Il est tout à fait normal d'avoir peur mais il ne faut pas se laisser dominer par cela, sinon vous risquez de devenir passif de votre propre vie. Cette peur de l'échec peut avoir de nombreuses origines comme des parents trop protecteurs qui ont fini par vous angoisser sur de nombreuses étapes de la vie. La volonté de fuir l'échec devient ensuite inconsciente lorsque vous grandissez, et vous ne pouvez pas combattre ce que vous ne voyez pas. Vous passez tout simplement votre temps à aller de l'avant en étant persuadé que vous n'avez pas une véritable peur de l'échec.

Il est donc assez difficile de mettre fin à cela mais si vous prenez la peine de vous investir pour progresser, il est tout à fait possible de changer votre manière de faire et de mettre fin à cette peur paralysante. Vous n'allez pas devenir un héros sans peur du jour au lendemain, il faut en être conscient avant de vous lancer. Mais les différentes étapes vous permettront de vous libérer de vos propres entraves.

L'IMPORTANCE D'IDENTIFIER LA RAISON DE CETTE PEUR

Avant de commencer, vous devez prendre le temps d'identifier votre peur pour trouver des solutions efficaces et durables.

Votre peur de l'échec est-elle générale ou cela vient-il d'un évènement qui vous a traumatisé il y a quelques temps ? Alors pensez à vous poser un instant pour réfléchir sur les raisons de cette peur de l'échec, cela vous aidera à avancer.

N'hésitez pas à noter vos pensée négatives et les raisons de leur existence car elles ont toutes une grande influence sur la manière dont vous construisez votre vie. Cela peut d'ailleurs vous empêcher de prendre certaines décisions et vous bloquer dans votre chemin vers le succès et le bonheur. La plupart du temps, les croyances négatives sont invisibles à vos yeux, car vous ne vous rendez pas compte de leur existence. Mais, pourtant, celle-ci joue un rôle majeur dans votre vie car cela contrôle vos décisions et vos différents agissements en créant une peur de l'échec assez tenace.

Si vous pensez que les échecs et les erreurs de la vie sont de mauvaises choses, vous allez instinctivement faire en sorte d'éviter toute expérience pouvant vous améliorer car cela comporte des risques. N'oubliez jamais qu'il faut passer par une défaite pour s'améliorer et progresser, la peur de l'échec est donc un grand frein qu'il faut combattre.

Apprenez a rendre les choses plus simples

Il est assez difficile de s'attaquer à des éléments compliqués pour progresser car on se sent rapidement désemparé et cette panique n'a rien de bon vis-à-vis de la peur de l'échec. Si vous restez avec des tâches compliquées, elles vous apparaitront comme impossibles à réaliser et vous n'arriverez pas à vous lancer sans voir une solution claire pour y parvenir.

Si vous avez l'intention de vous lancer dans un projet, faites-en sorte de la simplifier le plus possible même si cela vous demande du temps. Décortiquez votre projet en de multiples tâches à accomplir pour avancer pas à pas. Cela vous semblera brusquement plus simple et faisable car les différentes étapes auront l'air accessibles contrairement à un gros projet compliqué et angoissant.

Accepter l'echec pour avancer

Vous devez accepter l'idée que l'échec est inévitable. Il est impossible de passer sa vie à tout réussir, même pour les meilleurs individus. L'échec vous permet de vivre une vie remplie et d'accéder au bonheur plus facilement. Vous voulez faire des projets et vivre des instants uniques ? C'est ce que chacun souhaite mais ce n'est pas toujours facile, surtout si la peur de l'échec vous paralyse.

En cherchant une autre voie de facilité, vous passerez à côté de certaines expériences uniques et cela ne fera que retarder votre lutte contre l'échec. En effet, si vous voulez avancer un jour ou l'autre, il faudra passer au-dessus de cette peur de l'échec mais également de vos autres peurs qui vous empêchent d'avancer.

Alors avancez dès à présent, il n'est ni trop tôt ni trop tard. Commencez à vivre votre vie en affrontant les épreuves de la vie pour franchir chaque étape. L'échec fera obligatoirement partie de votre vie et c'est ce qui vous permettra d'avancer et d'atteindre vos rêves.

UN ECHEC N'EST PAS DEFINITIF

L'échec est inévitable mais il n'est pas non plus éternel. Il est humain d'agir comme si l'échec était permanent mais il faut avoir conscience que cette peur est totalement fausse. Cela vous permettra d'agir différemment sans prendre des décisions par rapport à un échec qui semble éternel. En échouant dans une tâche, vous apprendrez beaucoup de choses qui vous permettront de réussir. De cette manière, l'échec n'est donc pas négatif ni même permanent puisqu'il vous permet de progresser pour la prochaine fois.

Aller de l'avant en surmontant les échecs n'est pas simple mais vous pourrez vous améliorer de manière significative. Toutefois, ne partez pas du principe que vous allez réussir à vaincre votre peur de l'échec d'un jour à l'autre, et ce, définitivement. Vous devez apprendre à passer au-dessus de cette peur car cela vous permettra d'avancer. La peur de l'échec doit devenir une pensée et non pas un moteur dans votre vie.

Si vous acceptez l'aspect éphémère de votre échec, vous arriverez plus facilement à vous lancer et à tirer des bénéfices de votre erreur pour vous améliorer.

STRUCTUREZ VOTRE PENSEE

Ne tombez pas dans le piège de vous laisser contrôler par vos pensées. Elles peuvent être contrôlées de nombreuses manières en les changeant ou en les remplaçant par exemple. Il faut donc réaliser que vos peurs seront surmontées si vous en prenez la peine. Pour cela, il faut agir significativement et contrôler vos pensées pour vous libérer. Vous pouvez faire de la méditation ou même de l'autohypnose par exemple.

Certaines personnes surmontent leurs peurs tandis que d'autres non, il faut donc choisir le bon camp. Apprenez à identifier vos peurs pour vous en servir à votre avantage. En effet, chaque peur peut vous permettre de trouver un point à améliorer sur votre personne. Alors affrontez vos angoisses pour vous améliorer et progresser pas à pas en évitant de craindre les différentes peurs.

Avant toute chose, identifiez vos peurs, cela peut être l'humiliation devant un public, ou des moqueries contre vous par exemple. Mais vous avez le contrôle sur vos pensées, il est donc tout à fait possible de prendre le dessus et de vous améliorer. Travaillez pour prendre le contrôle de votre vie mais également de votre esprit.

FAIRE FACE A LA PEUR

La peur est un sentiment humain commun à chacun d'entre nous et elle n'échappe à personne car cela fait partir de notre métabolisme. Mais ce n'est pas parce que la peur est un sentiment humain assez fort qu'il faut se laisser dominer par elle et la laisser contrôler votre vie au quotidien. Vous devez apprendre à lui faire face pour agir au mieux et avancer dans votre vie en surmontant chaque peur. Il est donc important de ne pas vous laisser contrôler par ces angoisses qui vous empêcheraient d'accomplir vos rêves et de prendre les bonnes décisions pour être heureux.

Agir contre la peur peut vous demander du temps mais il est important de reprogrammer vos réactions face à ces freins du quotidien. En choisissant de faire face et d'affronter vos angoisses, vous progresserez significativement, ce qui ne serait pas le cas si votre choix se tournait simplement vers l'abandon d'un projet.

PROJETEZ-VOUS

Si vous n'arrivez pas à vous rendre compte de l'importance de la peur dans votre vie, prenez le temps de vous projeter dans le futur. Imaginez comment serait votre vie si vos craintes avaient le contrôle sur vos décisions, et voyez quel serait le résultat. Demandez-vous si ce résultat serait satisfaisant et si vous n'auriez pas des regrets en fin de vie en vous laissant diriger par vos peurs.

Ensuite, imaginez votre vie si vous arriviez à surmonter vos angoisses et à avancer dans vos projets en acceptant les échecs qui vous permettront de progresser. Voyez la vie qui s'offrirait à vous dans ces circonstances. Il est fort probable que cet avenir vous donne bien plus envie !

Il est donc important de prendre les bonnes décisions et de faire en sorte de construire une vie avec le moins de regret possible car cela vous permettra de vivre heureux de nombreuses années sans jamais vous retourner. Alors commencez dès à présent à prendre votre vie en main.

VIVEZ L'INSTANT PRESENT

De nombreuses personnes passent leur temps à regarder dans le passé ou à vivre en pensant au futur. Les erreurs sont au centre des songes et les angoisses concernant le futur ne vous quittent jamais. *Mais quelle place reste-t-il au présent ?* Aucune. Il est important de bien utiliser le passé tout en se focalisant sur l'instant présent pour atteindre le bonheur. Vous devez mettre en place un but à atteindre pour vous aider à suivre un cheminement précis pour votre développement personnel. Mais il ne faut pas se contenter d'apprendre du passé et d'aller vers l'avenir. Vous devez prendre également du temps pour vous poser un instant et profiter de votre journée, du temps présent et de votre vie telle qu'elle est. C'est le moment présent qui vous rendra heureux dans votre vie, il faut prendre le temps de voir ce bonheur déjà présent pour continuer d'avancer.

NE JAMAIS OUBLIER SA PASSION

Il est important d'avoir des loisirs et des passions durant votre vie mais les avoir ne suffit pas. Il faut mettre votre passion à profit pour avancer pas à pas en combattant votre peur. Votre passion est un moteur très puissant qui vous aidera à aller de l'avant car vous ferez ce que vous aimez et ce qui vous motive jour après jour.

N'oubliez pas que la peur de l'échec n'a aucun contrôle sur vous si vous décidez de venir à bout d'une difficulté. Le fait de se préparer à affronter un obstacle vous permet de voir que cela n'est pas aussi inquiétant qu'il n'y parait au départ. Alors choisissez toujours ce que vous aimez et ce qui vous passionne au lieu de vous laisser guider par des angoisses dans votre vie.

COMPRENDRE LE MANQUE DE CONFIANCE EN SOI

Il est important de comprendre d'où peut venir le manque de confiance en soi pour aller de l'avant et progresser durablement.

L'éducation : la première cause du manque de confiance en soi est très souvent liée à l'éducation de la personne. Il est fort probable que votre enfance se soit passée dans un milieu où la confiance en vous ne pouvait pas se développer convenablement (famille, ami, professeur, télévision). Lorsque les parents n'ont pas confiance en eux, ils vont transmettre leur doute aux enfants instinctivement et cela laisse place aux hésitations et aux craintes chez l'enfant. Mais il est également possible de voir un parent éduquer son enfant dans un milieu non propice au développement de la confiance en soi à travers de nombreuses situations qui empêchent ce bon développement de l'assurance.

Voici quelques exemples :

- Le fait de devoir se tenir correctement pour faire bonne figure en toute situation
- La culpabilité mise en place par les parents avec des reproches perpétuels envers l'enfant
- L'exigence trop forte envers un enfant à qui on demande d'être parfait
- Rabaisser son enfant et le faire se sentir inférieur aux autres en comparant l'intelligence et les capacités, cela conduit à un complexe d'infériorité

- La trop grande importance accordée à ce que l'extérieur pensera de l'enfant
- Les remarques dévalorisantes et les critiques des parents envers un enfant pour mettre en avant son défaut
- Montrer à l'enfant qu'il ne répond pas aux attentes des parents et qu'il ne fait pas les choses correctement
- Les parents n'accordant pas assez de temps à leur enfant et créant ainsi le sentiment d'être de trop, de gêner
- Mettre en garde son enfant pour chaque chose de la vie et l'amener à se méfier de tout

La comparaison de son enfant avec les autres

Les évènements du quotidien et les habitudes maladroites de certains parents contribuent fortement à modifier la confiance d'un enfant qui se met à acquérir des valeurs favorisant le manque de confiance en soi. Les enfants finissent par grandir dans une certaine peur et ne développent pas suffisamment de confiance en eux pour croire en leurs capacités comme il se doit. Une fois arrivé à l'âge adulte, il faut vivre avec un sentiment d'anxiété persistant qui conduit bien souvent à fuir les situations difficiles. Ce type d'enfance mène également très souvent à grandir avec une grande timidité qui peut aussi devenir une timidité maladive.

Le traumatisme : il est également possible de manquer de confiance en soi à la suite d'un traumatisme durant son enfance ou même plus tard. Les causes sont multiples : abandon, maltraitance, violence, vol, viol etc. Il est important de réagir pour cibler le traumatisme et travailler pour surmonter cela.

L'intériorité : votre dialogue intérieur peut tout à fait être responsable de votre manque de confiance en vous une fois adulte car vos pensées ont le pouvoir de détruire votre confiance très facilement. Nous nous critiquons très facilement et le fait de se dénigrer n'a rien de bon pour la confiance ni même l'estime que vous avez de vous-même. Le fait de vous rabaisser finira par vous donner l'impression que vous n'avez ni la force ni les capacités nécessaires pour surmonter les épreuves de la vie et vous finirez par vous condamner vous-même. Alors pour gagner confiance en vous, commencez par croire en vous en vous traitant avec respect et pensée positive. Il faut bannir les pensées négatives et critiques à votre égard pour aller de l'avant. Apprenez à éviter certaines phrases qui vont vous empêcher d'avoir confiance. Voici quelques exemples de pensées à bannir de votre esprit :

- Je suis un imbécile
- Tout est de ma faute
- Je n'en suis pas capable
- Je ne peux pas y arriver
- Je suis ridicule
- Je suis incapable d'apprendre ça
- Personne ne m'aime
- Je ne compte pour personne
- Je suis bon à rien
- Je suis moche et je n'attire personne
- Pas difficile de trouver mieux que moi

Il ne sera pas toujours facile de penser sans vous rabaisser, surtout si vous avez pris cette mauvaise habitude depuis l'enfance mais la confiance est quelque chose qui se construit doucement pour aller de l'avant et améliorer sa vie. Vous devez donc travailler sur votre dialogue intérieur pour vous éduquer autrement en apprenant à avoir confiance en vous et en reconnaissant vos capacités et qualités. Cela peut vous demander beaucoup de temps car il n'est pas facile de modifier sa façon de penser lorsque l'éducation est en jeu, ou les traumatismes. Mais avec de l'entrainement et de la persévérance vous arriverez à transformer votre dialogue intérieur en dialogue positif.

Alors n'oubliez jamais de vous féliciter lorsque vous réussissez quelque chose, prenez aussi le temps de vous encourager pour rester optimiste le plus souvent possible. A terme, vous arriverez à gagner confiance en vous et vous avancerez plus facilement !

LES PENSEES NEGATIVES

Les pensées négatives s'installent très facilement dans votre vie si vous commencez à les accumuler. Vous risquez de tomber dans une spirale de négativité si vous ne réagissez pas vite et il sera difficile d'en sortir quand les pensées négatives se seront bien installées dans votre esprit. Chaque information que vous recevez sera traitée avec un filtre négatif et cela changera considérablement votre quotidien.

Chaque pensée négative traversant votre esprit peut finir par créer un véritable effet boule de neige si vous les laissez s'installer et se développer. La moindre petite pensée négative peut devenir un obstacle insurmontable plus tard en prenant de l'importance et vos émotions seront influencées de la mauvaise manière.

Les pensées négatives ne seront pas un moteur efficace, bien au contraire. La négativité va venir vous paralyser et vous empêcher d'avancer comme si cela vous enlevait toute énergie pour progresser. Si vous acceptez les pensées négatives, elles deviendront de plus en plus fortes et vous aurez du mal à vous en débarrasser. Et lorsque qu'elles seront bien installées dans votre esprit, vous aurez beaucoup de mal à vous convaincre que ce n'est pas la manière la plus juste de raisonner car vous serez habitué à votre raisonnement qui vous semblera légitime.

Alors comment s'en sortir ?

La vie ne vous fera pas de cadeau, vous aurez des épreuves à surmonter et il sera important d'y faire face de la bonne manière pour vous en sortir. Il est tout à fait normal d'avoir des pensées négatives dans votre vie mais il ne faut pas les laisser s'installer dans votre esprit en les nourrissant et en les gardant précieusement avec vous. Alors ne vous attardez pas sur les images négatives que vous avez et faites-en sorte de les faire partir au plus vite pour éviter de tomber dans le piège de la négativité.

Il n'est pas utile ni même bénéfique de laisser des pensées attaquer l'estime de vous-même et c'est ce que feront vos pensées négatives ! Elles vous enfermeront entre un mur qui deviendra votre prison. Et pour en sortir, il faudra modifier votre manière de penser en vous investissant durablement pour vous en sortir.

Alors n'ignorez pas qu'une pensée négative peut avoir de lourdes conséquences et finira peut-être par conditionner votre manière de penser. Elle modifiera votre jugement et pourrait bien vous conduire à être désespéré dans une situation qui ne l'est pas du tout. L'abandon fera partie de votre quotidien alors que vous êtes tout à fait possible de franchir les différentes étapes en réalité. La négativité faussera donc votre jugement et influencera vos décisions de vie de la mauvaise manière.

Vous débarrasser de cette manière de penser et de fonctionner ne sera pas des plus facile si vous laisser les choses vous atteindre fortement. Vous ne serez peut-être pas capable de voir que vous avez une grande négativité en vous, il sera donc difficile de changer. Mais ce n'est pas tout, plus vous penserez à oublier une mauvaise pensée, plus elle restera présente car vous allez la ruminer en boucle et cela finira par vous atteindre et toucher votre santé mentale alors que ce n'était pas l'effet recherché au départ.

Alors comment lutter contre une négativité aussi tenace et dangereuse ?

Il n'est pas facile de lutter contre cette négativité et il est d'ailleurs impossible de penser exclusivement de manière positive si vous êtes saint d'esprit. Mais si le mauvais ne fait que passer rapidement dans votre tête, ce n'est pas grave. L'important est de réussir à identifier les mauvaises ondes qui s'approchent de vous pour savoir si vous pensez négativement ou pas à un moment précis. En restant lucide sur vos pensées, vous serez à-même de les combattre pour les faire partir très vite.

Mais vous pouvez également combattre cela sans être véritablement conscient de vos pensées à condition de vous reprendre en main sérieusement.

Voici quelques stratégies qui vous aideront à bloquer le négatif pour vous concentrer sur le positif !

Restez attentifs à vos pensées : Les pensées négatives n'ont pas de valeur dans la plupart des cas et elles se rapprochent principalement des pensées irrationnelles. Il faut donc rester attentifs à vos pensées pour les reconnaitre et rester sur vos gardes. Vous devez les laisser venir et passer sans s'accrocher à votre esprit pour rester positif.

Combattre la rumination : il n'est pas rare de ruminer et cela s'apparente à des pensées excessives. Penser à une idée au point de la ruminer ne vous rendra pas service et vous arriverez simplement à vous convaincre qu'y penser plus vous rendra service alors que ce ne sera pas le cas. Il est donc important de faire la part des choses pour séparer le vrai du faux et cibler les questions nécessitant votre concentration pour trouver une réponse claire et efficace. Vous verrez qu'en éliminant les questions qui sont ruminées, vous allez trouver qu'il n'y avait pas de réel problème en réalité et c'est tout à fait normal. Dans la plupart des cas, les questions ruminées sont des problèmes que vous avez créés vous-même, les faire partir est donc la solution parfaite à la question.

Soyez actifs sur votre pensée : si une pensée négative commence à s'installer dans votre esprit, ne restez pas sans réagir, bien au contraire ! Il faut vous activer pour vous aider à avoir des pensées positives dans votre esprit et cela n'est pas facile si vous restez sans rien faire. Se changer les idées est donc une solution très efficace pour déconcentrer votre esprit qui essayait de se concentrer sur une manière de souffrir durablement. N'hésitez pas à sortir voir des amis, faire du yoga, courir, danser, ou même faire du shopping. Dans tous les cas, prenez le temps d'occuper votre cerveau pour l'empêcher de se poser pour réfléchir, votre corps est votre plus grand allier pour combattre cela et faire diversion.

Evitez les situations à risque : il est important de ne pas chercher à vous retrouver dans des situations délicates qui vont favoriser les pensées négatives. Vous devez donc être attentifs au quotidien pour fuir les éléments dangereux. Cela peut être une musique, une photo, un livre, un film, certaines personnes etc. Il est important d'identifier vos différents éléments à risques pour vous protéger autant que possible. Mais il ne faut pas s'arrêter là, il est également très utile de chercher les éléments qui auront l'effet inverse pour les remplacer en cas de doute et de moment désagréable. Chaque petit élément pouvant vous aider sera d'un grand renfort en cas de complication, alors armez-vous dès que possible contre les pensées négatives.

Faites attention à votre entourage : pour vous éloigner des pensées négatives, il faut veiller à garder un entourage positif, que ce soit au niveau des personnes ou des expériences de votre vie. Par exemple, il est bien plus bénéfique de lire, voir et entendre quelque chose de positif plus que l'inverse qui vous donnerait des pensées négatives. Chaque élément positif dans votre vie vous permettra de maintenir les mauvaises ondes à distance, alors profitez-en.

Mais ce n'est pas tout, si un mauvais déclencheur arrive et que votre vie est renforcée par le positif, il sera plus facile d'y faire face la tête haute et de vous en sortir indemne.

Remplacez le négatif par le positif : cela peut sembler être peu de chose mais chaque petit effort vous aidera à avancer. Alors pensez à vos affirmations positives là où du négatif avait l'habitude de se trouver. Vous arriverez ainsi à changer vos mauvaises habitudes et à gagner en positivité là où le mauvais avait autrefois sa place. Cette petite victoire aura un fort impact sur vous et votre quotidien.

Rappelez-vous que personne n'est parfait : il est totalement inutile de vous mettre la pression en vous arrêtant trop longtemps sur vos erreurs. Il faut avoir conscience que les erreurs arrivent chez chaque individu et que le plus important est d'en tirer des leçons pour avancer. Même si vous passez votre temps à ruminer une erreur passée, cela ne changera rien et votre erreur sera toujours là. Alors restez focalisés sur vos forces et vos capacités tout en essayant de vous améliorer jour après jour pour éviter de retomber dans de mauvaises habitudes.

Il ne faut jamais oublier qu'une pense négative est temporaire si vous acceptez de la laisser partir. Elles n'ont pas de pouvoir particulier hormis vous faire perdre confiance en vous si vous leur accordez trop d'importance. La pensée négative tire donc sa force de votre esprit en fonction du pouvoir que vous lui donnez lorsqu'elle arrive. Il est très difficile de les désactiver mais si vous vous entourez de positif, vous arriverez à vous protéger des mauvaises ondes qui ne vous rendront jamais service dans votre vie.

Vous êtes la seule personne responsable de vos pensées et de ce que vous en faites. L'origine de la pensée a peu d'importance, ce qui compte c'est votre manière de l'accueillir et de la faire partir pour garder un environnement saint. Alors apprenez à identifier vos pensées négatives pour les faire partir au plus vite sans leur laisser le temps de s'installer dans votre esprit et d'attirer de nouvelles pensées néfastes pour votre épanouissement personnel.

L'importance du Networking

Savez-vous ce qu'est le networking et à quoi il sert ?

Le networking est un concept qui fait référence à un travail en réseau comme « réseauter » ou « réseautage » par exemple. Le réseau est un élément très important dans la vie de tous les jours et pour votre carrière professionnelle. Par exemple, pour la création d'une entreprise, le networking est un élément très important pour réussir à développer son projet efficacement. Il est donc important de saisir certains points à ce sujet !

Comprendre le networking

Le principe n'est pas nouveau même si le nom semble indiquer le contraire. Il est fréquent que les hommes se regroupent et échangent de différentes manières dans la vie et dans le travail car l'être humain s'allie souvent aux autres pour augmenter ses capacités et réussir en groupe plus facilement.

Ce système de réseautage est donc un procédé consistant à mettre en place le contact entre plusieurs individus pour avoir des relations professionnelles mais également personnelles. Cela donne de nombreuses compétences, des connaissances mais aussi une grande variété de talents et de personnalités qui intéressent et deviennent très utiles pour la création d'une entreprise par exemple.

Le networking consiste donc à créer un réseau et à le développer pour vous apporter une plus-value servant à créer votre entreprise et à la faire prospérer plus facilement.

Il existe également différents outils pour vous développer.

Networking physique : il se construit avec les personnes que l'on rencontre au quotidien lors de sorties et évènements professionnels par exemple.

Networking virtuel : le principe est le même que précédemment mais cela se passe derrière un écran avec des réseaux comme LinkedIn par exemple. Les médias permettent de prendre contact, d'échanger et de rejoindre des groupes pour élargir son réseau.

Networking pour les échanges : vous pouvez échanger et mutualiser vos actions et compétences en partageant vos informations avec de nouvelles relations qui seront complémentaires avec vous. A terme, vous pourrez augmenter vos opportunités et gagner en force

Conclusion

Nous voici arrivés au bout de ce récit qui, je l'espère, aura su vous inspirer et vous donner envie de passer, vous aussi, à l'action. Comme j'ai pu le mentionner tout au long de cet ouvrage, rien ne me prédestinait à ce parcours. Rien, si ce n'est ma volonté inébranlable de croire en une meilleure existence. Les dés n'étaient pas spécialement en ma faveur, et je suis intimement convaincu que peu de personnes auraient parié sur moi. Pourtant, c'est parce que j'ai choisi de forcer le destin et, surtout, de parier sur moi, que j'ai pu, petit à petit, atteindre la liberté financière et m'extirper définitivement de mes chaînes. Cette histoire pourrait très bien devenir la vôtre, à condition que vous vous décidiez à agir et à vaincre vos croyances limitantes. Je pense cependant que vous êtes déjà sur la bonne voie : la lecture de ces quelques lignes en est la preuve la plus flagrante. Désormais, le reste vous appartient. Je me ferai une immense joie de vous en dire plus et de vous aider à atteindre vos objectifs.

Pour finir, je souhaite partager avec vous quelques témoignages inestimables. Ceux-ci proviennent d'investisseurs et d'entrepreneurs chevronnés, venant d'horizons différents, qui ont fait le choix de passer à l'action et qui, aujourd'hui, bénéficient pleinement du fruit de leur labeur. Chacun est un expert de son domaine et je n'ai aucune crainte quant à l'inspiration que leur récit saura vous procurer. Ce contenu vous est exclusif. Vous pouvez accéder à ces témoignages en flashant le QR Code suivant.

Remerciements

Tout d'abord, je souhaite remercier chaleureusement Goulwenn Tristant d'avoir pris le temps d'écrire la préface de mon premier livre. Il est sans conteste l'une de mes plus grandes inspirations et c'est un honneur de l'avoir à mes côtés dans ce projet qui me tient à cœur.

Je tiens aussi à saluer tous les intervenants ayant témoigné dans « Confession d'un entrepreneur », qui offre aux lecteurs un bel éventail du nombre infini de domaines où il est possible d'entreprendre pour atteindre ses objectifs de liberté financière. Un grand merci à eux :

- Alec Henry
- Baptiste Joly
- Emilie et Guillaume Malgouyres (Club Immobilier)
- Florent Citas
- Guillaume Fournier
- Raphaël Carteni
- Romain Pouzin
- Xavier Prétérit
- Audrey Perrin
- Dimitri Bougeard

Enfin, je remercie tout particulièrement mon co-auteur et ami Clément Mironneau, pour avoir œuvré à l'écriture de ce livre, ainsi que pour son soutien précieux tout au long de la création et de la réalisation de cette aventure littéraire.

Et pour finir, un immense merci aux lecteurs, aux « rentiers à plein temps » de demain, à toutes les légendes personnelles qui s'écrivent en ce moment même. Longues et belles réussites à vous.

Glossaire de l'immobilier

ACOMPTE

Somme versée par l'acquéreur lors de la signature de la promesse de vente. Elle engage définitivement l'acquéreur et représente généralement 10% du prix global du bien immobilier (cependant celle-ci peut être négociée). Si la vente n'est pas menée à son terme, le vendeur est en droit de récupérer cette somme. De son côté, si l'acquéreur fait valoir la non-réalisation d'une condition suspensive prévue dans le compromis de vente, il peut récupérer son acompte.

ACTE AUTHENTIQUE

Acte rédigé par un officier public (un notaire par exemple). Il garantit la régularité et la véracité de l'engagement. Il s'oppose à l'acte sous seing privé qui est établi entre les parties elles-mêmes.

ACTE DE VENTE

Contrat définitif par lequel l'acquéreur devient propriétaire. Il peut être appelé acte authentique car celui-ci est réalisé devant notaire. La signature de cet acte entraîne ce que l'on appelle les « frais de notaire » incluant les droits de mutation et les honoraires du notaire.

ACTE EN MAIN

Il est aussi appelé « contrat en main ». Il signifie dans le cas présent que les frais de notaire seront à la charge du vendeur. Bien entendu, ils seront ajoutés au prix de vente. Cette opération, assez rare, a pour but de faciliter l'obtention d'un prêt immobilier.

ACTE NOTARIE

C'est un acte signé devant notaire, dit acte authentique. La promesse de vente ou l'acte de vente peuvent constituer des actes notariés.

ACTE SOUS SEING PRIVE

Acte rédigé entre deux contractants sans l'intervention d'un notaire. Un contrat de location, une promesse de vente ou un contrat de réservation peuvent être établis sous seing privé.

ADMINISTRATEUR DE BIENS

Professionnel de l'immobilier, il effectue en qualité de mandataire toutes les opérations de gestion d'immeubles pour le compte de propriétaires : recherche de locataires, rédactions des baux, perception des loyers et des charges, règlements, entretien et réparations.

AIDES AU LOGEMENT

Aides de l'Etat destinées à alléger la charge financière du logement dans le budget des personnes aux ressources modestes, tel que les Aide Personnalisées au Logement (APL), l'Allocation de Logement Familiale (ALF), l'Allocation de Logement Social (ALS). Ces différentes aides ne peuvent pas être cumulées.

AMIANTE

Matière composée de silicate de calcium et de magnésium. L'amiante s'est avérée cancérigène. Sa recherche et son enlèvement sont rendus obligatoire dans les immeubles et bureaux commerciaux.

APPORT PERSONNEL

Somme financière en possession d'un acquéreur pour financer lui-même tout ou partie de son investissement. Un organisme financier fera bénéficier à son emprunteur d'un taux plus bas si cet apport est conséquent.

ARRHES

Somme d'argent remise par l'acheteur au vendeur, non pas en tant que dépôt, mais à titre de garantie de l'engagement.

Assemblee generale

Dans chaque copropriété immobilière, les membres (appelés copropriétaires) doivent se réunir au moins une fois par an lors d'une assemblée générale. Au cours de celle-ci, sont évoquées et mises au vote, les questions à l'ordre du jour (par ex, renouvellement du mandat du Syndic, travaux d'entretien ou d'amélioration, budget annuel ...). Les réponses apportées font l'objet d'un procès-verbal.

Avenant

Il s'agit d'un acte complémentaire à un contrat établi entre les parties, dans le but de compléter ou de modifier les clauses du contrat initial.

Ayant droit

C'est quelqu'un qui détient lui-même les droits ou bien qui peut faire valoir un droit qu'il détient d'une tierce personne.

Bail

Document définissant les relations contractuelles entre propriétaire et locataire. Certains baux sont soumis à une réglementation particulière, d'autres relèvent de la libre volonté des parties dans le cadre des dispositions du Code civil. On les appelle aussi « contrats de location ».

Bail commercial

Contrat de location portant sur un local dans lequel est exercé une activité commerciale, industrielle ou artisanale. En règle générale, le bail commercial engage le bailleur pour 9 années minimum, le locataire pouvant résilier tous les 3 ans, sauf dispositions contraires.

Bail a construction

Bail de longue durée (18 à 99 ans) qui engage un locataire à édifier des constructions sur un terrain appartenant au propriétaire moyennant le versement d'un loyer. Le preneur s'oblige à les conserver en bon état d'entretien pendant la durée du bail. Sauf stipulations contraires, le bailleur en devient propriétaire en fin de bail.

Bail d'habitation

Contrat de location portant sur un local à usage d'habitation et liant le bailleur (propriétaire) pour une durée minimale de 3 ans (ou 6 ans si le bailleur est une personne morale). Le locataire peut l'interrompre à tout moment, en respectant un préavis de 3 mois (1 mois dans certains cas).

Bail professionnel

Contrat de location conclu pour des locaux exclusivement à usage professionnel, le locataire y exerçant une profession libérale (médecin, dentiste, avocat…). Ce type de contrats engage le bailleur trois ou six ans, le locataire pouvant, quant à lui, résilier à tout moment, avec un préavis de 3 mois. Le bail peut être dit « mixte » en cas d'usage professionnel et d'habitation.

Bailleur

Le bailleur est le loueur d'un bien immobilier. C'est la personne qui met un bien immobilier à la location.

BBC (Batiment Basse Consommation)

Le niveau de performance exigé par le label BBC (Bâtiment Basse Consommation énergétique) fixe comme objectif une consommation maximale pour les constructions résidentielles neuves.

Beneficiaire

Personne désignée comme prestataire d'une somme ou d'autres biens dans une police d'assurance ou un testament.

BIC (Benefices Industriels et Commerciaux)

Bénéfices Industriels et Commerciaux. Ils proviennent d'une activité commerciale. Par exemple les revenus et bénéfices issus de locations meublées (LMP ou LMNP), ou d'une activité de construction font partis des BIC.

Bien immobilier

Immeuble, c'est-à-dire bâtiment, terrain, etc. En fait, à l'origine, tous les objets attachés à la terre, donc immobiles (y compris les arbres et récoltes) et le terrain lui-même, et par extension, les biens meubles, (c'est-à-dire mobiles) lorsqu'ils sont attachés à l'immeuble (évier, cheminée, volets...). En principe les immeubles bâtis doivent avoir fait l'objet d'un permis de construire. L'agent immobilier intervient aussi sur les fonds de commerce et parts de société immobilière.

Bon de visite

Document par lequel le client reconnaît avoir visité un bien immobilier par le biais d'une agence immobilière. Il engage le client à traiter avec cette même agence en cas d'acquisition de ce bien.

Bornage

Opération qui consiste à délimiter une propriété par un géomètre. Celui-ci rédige un procès-verbal contenant un plan avec l'emplacement de ces bornes.

Bouquet

Somme d'argent versée par l'acquéreur à la signature de l'acte d'achat en viager, le solde étant versé sous forme de rente viagère. Ce montant est fixé selon les besoins du vendeur et de son âge.

Cadastre

Registre officiel disponible en mairie et permettant d'identifier les propriétés (surface, valeur locative foncière...) d'une commune.

Carence

C'est l'absence de locataire au démarrage de la mise en location d'un bien.

CAUTION

Personne qui s'engage à garantir l'exécution d'un contrat pour l'une des parties au profit de l'autre. Lorsque la caution accepte d'exécuter elle-même, en cas de défaillance du débiteur principal, elle est appelée caution personnelle.

CAUTION HYPOTHECAIRE

Personne physique ou morale qui engage un bien immobilier défini en garantie du remboursement de la dette de l'emprunteur principal.

CAUTION LOGEMENT

Organisme qui se porte caution et s'engage à garantir le remboursement en cas de défaillance de l'emprunteur.

CERTIFICAT DE CONFORMITE

Document administratif remis après le passage d'un contrôleur de la mairie, qui atteste que la réalisation est conforme au permis de construire.

CERTIFICAT D'URBANISME

Document administratif délivré dans un délai de 2 mois par le maire ou le préfet à la demande du propriétaire du terrain (ou d'une autre personne). Il précise les dispositions d'urbanismes applicables, les limitations administratives au droit de propriété, la desserte du terrain par les équipements publics, la constructibilité du terrain.

CESSION DE BAIL

Contrat par lequel le locataire transmet à une autre personne (le cessionnaire) les droits et obligations qu'il détient de son contrat. La cession de bail correspond au remplacement du locataire par un autre.

CHARGES DE COPROPRIETE

Charges représentant l'ensemble des dépenses relatives à l'entretien et aux réparations des parties communes, et plus généralement au fonctionnement de l'immeuble. Les copropriétaires doivent participer au paiement de ces charges en fonction de l'attribution de tantièmes (calculés à proportion de la surface qu'ils détiennent dans la copropriété). Les charges sont dites récupérables pour la partie incombant au locataire.

CHARGES RECUPERABLES

C'est l'ensemble des frais engagés par le bailleur qu'il peut se faire rembourser par son locataire. Les charges récupérables sont distinctes du loyer principal.

CLAUSE RESOLUTOIRE

Clause prévoyant, dans les contrats (baux) de location, la résiliation automatique du contrat lorsque le locataire ne respecte pas ses obligations.

CLE-EN-MAIN LOCATIF

Construction d'un immeuble pour les besoins propres d'un utilisateur ayant signé préalablement un bail dit « sécurisé », généralement de 9 ans fermes. Ultérieurement, le promoteur de l'immeuble soit le vendra à un investisseur, soit le gardera en patrimoine.

COMMISSION

Rémunération versée à un agent immobilier dans le cadre de l'exercice de son activité (vente, location, gestion...). Le taux de commission varie selon le type d'opérations réalisé. Elle est librement fixée par chaque agent immobilier, mais son barème de calcul doit être affiché en vitrine.

COMPROMIS DE VENTE

Acte par lequel le vendeur s'engage à vendre et l'acquéreur s'engage à acheter un bien précis à un prix déterminé. Avant contrat il peut être établi soit sous seing privé soit devant un notaire. Un versement d'une indemnité d'immobilisation de 10% du prix de vente est généralement exigé.

CONDITIONS SUSPENSIVES

L'acquéreur possède un délai de 40 jours minimum pour obtenir son prêt suite à la promesse de vente signée auparavant. Si, à l'issue du délai fixé, l'acquéreur peut justifier d'au moins deux refus de prêt d'établissements financiers différents, il sera en mesure de récupérer le montant du dépôt de garantie versé à la promesse de vente. On parle alors de promesse de vente caduque.

CONGE

Acte qui signifie la fin du contrat de location. Pour les baux d'habitations, le locataire peut donner congé dès lors qu'il respecte le préavis. Le propriétaire, ne peut donner congé qu'à certaines conditions : pour vendre le logement ou pour l'habiter (préavis à respecter) ou pour des raisons valables et sérieuses, par exemple, le non-paiement du loyer qui peut entraîner l'expulsion du locataire.

CONSEIL SYNDICAL

Groupe de copropriétaires désignés en assemblée générale pour assister le syndic et contrôler sa gestion. Son rôle est purement consultatif. Le président est élu par les membres du conseil syndical et devient l'interlocuteur privilégié du syndic.

CONSERVATION

Service administratif dépendant du Ministère des Finances. Chargé de la publicité foncière, il enregistre toutes les mutations immobilières ainsi que les inscriptions hypothécaires.

CONTRAT DE LOCATION

Contrat par lequel on cède la jouissance d'un bien pour un temps et à un prix déterminé. Certains baux sont soumis à des conditions particulières. D'autres relèvent de la volonté des parties dans le cadre des dispositions du Code civil.

Contrat de reservation

Contrat obligatoire qui précède le contrat définitif d'une vente en état futur d'achèvement (VEFA). Il diffère ainsi du compromis de vente pour un bien achevé.

Convocation a l'assemblee generale

Lettre envoyée aux copropriétaires en recommandé avec accusé de réception, ou remise en main propre, cette convocation précise les jours, heure et lieu de réunion, et contient l'ordre du jour de l'assemblée générale.

Copropriete

Immeuble ou ensemble d'immeubles divisés en plusieurs lots. Chaque lot est détenu par un propriétaire différent. Le statut de copropriété est instauré dès l'approbation de l'immeuble par deux propriétaires différents, par le biais des lots.

C.O.S. (Coefficient d'Occupation des Sols)

Coefficient d'occupation des sols, chiffre indiquant, pour chaque parcelle de terrain, la densité autorisée de construction au regard des règles d'urbanisme.

Credit immobilier

Prêt à long terme accordé pour un achat immobilier. Le crédit immobilier est dit amortissable lorsque la mensualité payée rembourse en même temps le capital et les intérêts.

Credit d'impot

Avantage fiscal qui est défini dans le cadre de la loi de finances de l'année en cours.

Credit-relais

Crédit à court terme (deux ans) permettant de financer un achat immobilier avant d'avoir vendu un autre bien en sa possession.

C.S.G. (Contribution Sociale Generalisee)

Taxe instituée en 1991. Elle grève l'ensemble des revenus du patrimoine, dont les revenus fonciers et plus-values immobilières.

Credit a taux fixe

Ce crédit garde un taux inchangé pendant toute la durée de l'emprunt. Le crédit à taux fixe est favorisé pendant les périodes de stagnation des taux, mais délaissé en cas de fluctuations.

Debours

Dépenses acquittées par le notaire (ou l'avocat ou encore l'huissier pour le compte de son client afin de rémunérer les acteurs participant à la réalisation de l'acte (conservateur des hypothèques, géomètre).

Deficit foncier

Les propriétaires d'un immeuble loué nu peuvent déduire de leurs revenus fonciers les dépenses occasionnées par les travaux de rénovation si elles génèrent un déficit foncier. On constate un déficit foncier quand les charges foncières sont plus importantes que les revenus fonciers.

Defiscalisation

Système qui consiste à alléger sa charge fiscale en réduisant ses impôts.

Defiscalisation immobiliere

Procédé permettant au contribuable de diminuer son assiette imposable ou réduire son impôt en enlevant une somme correspondant à une partie du volume de l'investissement fait par le bais de certaine loi.

Delai de reflexion

En matière de crédit immobilier, le particulier dispose d'un délai de réflexion de 10 jours (à réception de l'offre de prêt par lettre recommandée avec accusé de réception) pendant lequel il ne peut signer l'offre de prêt.

Delai de retractation

Délai de 7 jours dont bénéficie l'acquéreur pour renoncer à l'opération (sans aucune pénalité pour lui) dans le cadre de l'achat d'un logement neuf (ou en cours de construction) ou ancien (appartement ou maison individuelle). Cette faculté concerne les promesses de vente ou compromis de vente signés dans le cadre de l'achat d'un logement existant, les contrats de réservation signé dans le cadre d'une vente en l'état futur d'achèvement (VEFA), ou l'acte de vente lui-même s'il n'a pas été précédé d'un contrat de réservation ou avant-contrat.

Depot de garantie

Somme d'argent confiée en garantie de l'exécution d'un contrat. Dans le cas d'un contrat de location, elle est remise au bailleur par le locataire lors de son entrée dans les lieux et lui est restituée, en principe, au terme du contrat à condition qu'il ait bien payé ses loyers et charges et correctement entretenu le bien.

Diagnostic de performance energetique

Document rendu obligatoire à partir du 1 novembre 2006 pour toute vente immobilière (décret n° 2006-1147 du 14 septembre 2006). Il établit la quantité d'énergie consommé (ou estimée) pour l'utilisation standard d'un bien immobilier, ainsi qu'une classification en fonction de valeurs de référence afin que l'acquéreur puisse comparer et évaluer sa performance énergétique. Il est valable 10 ans.

Donation

Acte juridique par lequel une personne donne, de son vivant, un bien à une autre personne. Il s'agit, le plus souvent, d'une avance sur héritage et fait l'objet du paiement des droits de mutation.

Droit de mutation

Appelés improprement « frais de notaire », ce sont les droits et taxes perçus par le notaire pour le compte de l'Etat et des collectivités locales, lors de la vente d'un bien immobilier.

Droit de preemption

Droit d'achat prioritaire qui permet à une personne ou une collectivité publique de se porter acquéreur d'un bien immobilier avant tout autre personne. Les conditions et le prix fixés lors de sa mise en vente par son propriétaire doivent être respectés.

Droit de succession

Impôts payés au Trésor Public par les héritiers dans le cadre d'une succession.

Droit de visite

Droit accordé au bailleur, malgré son obligation générale de ne pas troubler la jouissance du locataire, de faire visiter le local loué en vue de la vente ou de la location. Généralement, cette faculté ne peut s'exercer ni les jours fériés ni plus de deux heures les jours ouvrables.

Écheancier

Document permettant de connaître le montant mensuel exact de paiement et la date des échéances. L'échéancier s'applique pour le règlement d'appel de fonds et pour le remboursement d'un prêt. Il est obligatoire dans l'établissement d'une offre de prêt.

Effet de levier

Accroissement de la rentabilité d'un placement résultant d'une opération d'endettement.

Épargne

Toutes sommes d'argent déposées sur un compte courant bancaire, sur des produits de placements (tels que CODEVI, PEP, contrat d'assurance-vie...), un portefeuille boursier (actions ou obligations) ou les sommes déposées sur des SICAV (sociétés d'investissement à capital variable) ou des FCP (fonds communs de placements).

ÉPARGNE LOGEMENT

Versement d'argent sur un compte (un PEL ou CEL) qui rapporte des intérêts. Ce versement permet par la suite d'obtenir un prêt immobilier à un taux fixé à l'avance.

ETAT DES LIEUX

Acte par lequel, deux parties, propriétaire et locataire, reconnaissent dans le détail, la nature et la qualité des locaux loués ainsi que le nombre et l'état des objets constituants. Il peut être réalisé de manières amiables et contradictoires entre les parties, ou avec le concours d'un huissier de justice.

EXPERT IMMOBILIER

Professionnel dont la fonction est d'estimer, c'est-à-dire d'évaluer, la valeur vénale ou locative de biens immobiliers : immeubles d'habitation ou industriels, fonds de commerce, locaux. L'expertise immobilière recouvre deux sortes d'activités. L'une est réglementée, il s'agit de l'expertise judiciaire effectuée sur désignation de l'expert par un tribunal. L'autre est libre, il s'agit des expertises amiables ou conventionnelles.

FOYER FISCAL

C'est le nombre de personne qui figure sur la même feuille de déclaration de revenus d'un contribuable.

FRAIS DE DOSSIER

Frais engendrés par l'étude et la mise en place d'un crédit immobilier. Ce montant est variable et reste négociable.

Frais de notaire

Ensemble des frais (taxes, émoluments du notaire et débours) payés lors d'une transaction immobilière. Ils représentent environ 7.50% du prix pour un bien ancien et environ 3% du prix pour un logement neuf.

Garantie

C'est ce qui assure l'exécution et le respect des termes du contrat. On dénombre plusieurs garanties : la garantie biennale, la garantie d'achèvement, la garantie de bon fonctionnement, la garantie contre les impayés de loyers, la garantie de livraison, la garantie décennale, la garantie de parfait achèvement, la garantie de surface.

Garantie biennale

C'est la responsabilité du constructeur (pendant 2 ans au minimum, art. 1792-3 du Code civil) du bon fonctionnement des éléments d'équipement dissociables de leur support (portes intérieures, revêtements...).

Garantie decennale

Garantie souscrite par le constructeur d'un immeuble ou d'une maison, afin de protéger l'acquéreur contre tout vice de construction pendant dix années à compter de la réception. Cela concerne les fondations, les murs et cloisons, les planchers, la toiture, les canalisations, les installations de chauffage...

Garantie des risques locatifs - GRL

Peuvent en bénéficier les locataires titulaires de CDD, les salariés à temps partiel, les saisonniers, les jeunes en formation, les étudiants, les employés de maison, les jeunes fonctionnaires..., qui font souvent l'objet de discriminations parce qu'ils ne peuvent pas présenter des garanties suffisantes pour les bailleurs. (Ce public est élargi par rapport à celui de l'actuelle GARANTIE LOCA-PASS® du 1% Logement.)

Les propriétaires bailleurs seront indemnisés en cas d'impayés du locataire pendant toute la durée du bail. Pendant cette période la situation du locataire sera examinée, afin qu'elle puisse être régularisée, et qu'un suivi social soit mis en place pour les locataires les plus en difficulté. Pour ce faire, des financements du 1% Logement et de l'Etat viendront compléter les primes perçues par les assureurs en cas d'impayés de loyers, ou les prises en charge directes du risque d'impayé par les bailleurs.

HABITATION PRINCIPALE

Terme désignant le logement principal où réside le propriétaire (foyer fiscal). A la différence de résidence secondaire.

HORS D'EAU

Un immeuble est mis hors d'eau quand son gros œuvre est terminé (murs extérieurs complètement édifiés) et que la toiture est posée ou la terrasse achevée.

HYPOTHEQUE

Permet à un créancier appelé « hypothécaire » de faire saisir un bien afin qu'il soit procédé à une vente en justice pour être payé sur le prix. Une hypothèque peut être conventionnelle, légale ou judiciaire. Dans tous les cas, elle confère à son titulaire un droit de préférence : en cas de vente suite à une saisie immobilière, le créancier sera payé, en priorité, sur le prix de vente.

IMPOTS FONCIERS

Impôts payés dû par tout propriétaire d'un immeuble au 1er janvier de l'année. Appelés également taxe foncière.

IMPOTS DE SOLIDARITE SUR LA FORTUNE (ISF)

L'ISF est un impôt progressif payé par les personnes détenant un patrimoine supérieur à 800.000 €.

IMPOTS LOCAUX

Ensemble des impôts perçus par les collectivités locales (communes, départements, régions). La taxe foncière et la taxe d'enlèvement des ordures ménagères sont dues par tout propriétaire d'un bien immobilier, la taxe d'habitation est due par toute personne qui occupe le logement au 1er janvier de l'année.

INDIVISION

Regroupement permettant à plusieurs personnes (ayant un lien de parenté ou non) d'acquérir un bien immobilier (on parle alors d'indivision conventionnelle). Ce mode d'achat intéresse plus particulièrement les personnes vivant en concubinage. Les indivisaires signent une convention d'indivision qui permet de définir la quote-part de chacun.

INVESTISSEMENT IMMOBILIER

C'est l'action d'acquérir un bien immobilier, pour une résidence principale, une résidence secondaire ou pour faire un investissement locatif, dans l'habitation, des bureaux ou des commerces.

INVESTISSEMENT LOCATIF

Un investissement locatif est une opération immobilière portant sur un bien (maison ou appartement) destiné à la location.

LISSAGE DU PRET

Réajustement des mensualités que l'emprunteur doit payer sur plusieurs crédits pour avoir un montant mensuel constant. Cette opération permet dans certains cas d'allonger la durée des remboursements.

LMP (LOUEUR EN MEUBLE PROFESSIONNEL)

Ce statut correspond aux propriétaires-bailleurs de biens loués meublés ayant réalisé des recettes locatives annuelles supérieures à 23.000 € ou bien 50% des ressources du foyer fiscal. Il permet d'imputer des déficits sur les revenus globaux.

LMNP (Loueur en Meuble Non Professionnel)

Ce statut correspond aux propriétaires-bailleurs de location meublée dont les recettes locatives annuelles sont inférieures ou égales à 23.000 €. Il permet d'imputer des charges provenant des locations meublées sur les revenus de même nature

Location

Mise à disposition d'un bien immobilier à un occupant contre le paiement d'un loyer. Le propriétaire ou bailleur et le locataire sont liés par un bail ou contrat de location. La location peut se faire en meublé ou vide. Elle peut aussi être saisonnière (location meublée de courte durée à titre vacances).

Location meublee

Location d'un bien immobilier (appartement, maison, ...) garni d'un mobilier utile au quotidien (lit, table, chaises, armoires, ...). Le contrat peut être oral ou écrit, à durée déterminée ou indéterminée, car aucune réglementation ne le définit.

Location saisonnieres

Ce sont des locations meublées consenties pour une courte période, à la semaine, au mois ou encore à la saison. On les rencontre dans des localités qui reçoivent un afflux de résidents pendant une période déterminée.

Loi Carrez

La superficie Loi Carrez correspond à la superficie des planchers des locaux clos et couverts, après déduction des surfaces occupés par les murs, cloisons, marches et cages d'escaliers, gaine, embrasures de portes et de fenêtres. Il n'est pas tenu compte des planchers des locaux d'une hauteur inférieure à 1.80 mètre, ainsi que des lots ou fractions de lots d'une superficie inférieure à $8m^2$.

Loi Scrivener

Loi n° 79-596 (faisant partie du Code de la consommation) votée le 13 juillet 1979 pour protéger les emprunteurs en matière de prêts immobiliers. Elle réglemente en outre la publicité sur les crédits, le contenu de l'offre de prêt, et rend le contrat de prêt dépendant de l'acte d'achat d'un bien (et inversement).

Lot

Partie privée (logement, cave, parking) et quote-part des parties communes d'une copropriété, ou parcelle délimitée et bornée dans le cadre d'un lotissement.

Loyer

Somme versée par le locataire au propriétaire en contre partie de la jouissance d'un bien immobilier donné en location.

Maitre d'œuvre

Professionnel (personne physique ou morale) responsable de la conception, de la direction ou de la surveillance des travaux de construction.

Mainlevee

Acte authentique permettant d'arrêter une saisie, une opposition ou une hypothèque.

Mandat

Acte par lequel une personne (le mandant) donne à une autre (le mandataire) le pouvoir d'accomplir en son nom et pour son compte un ou plusieurs actes juridiques tels que la vente, la location, l'achat.

Marchand de biens

Professionnel qui achète des biens immobiliers pour son propre compte puis les revend, en général après avoir effectué des travaux, en vue de réaliser une plus-value.

MILLIEMES

Unité de valeur servant de base pour quantifier la quote-part des parties communes affectée à chaque lot de copropriété.

MITOYENNETE

« Les cloisons ou murs, séparant des parties privatives et non compris dans le gros œuvre, sont présumés mitoyens entre les locaux qu'ils séparent » d'après l'article 7 de la loi du 10 juillet 1965.

MISE EN DEMEURE

Rappel adressé par l'acte huissier ou par lettre recommandée à un débiteur défaillent, lui ordonnant d'exécuter son obligation dans un délai déterminé, faute de quoi une procédure sera engagée à son encontre.

MOINS-VALUE

Dépréciation de la valeur vénale d'un bien foncier.

MUTATION

Elle peut être à titre gratuit (donation, succession, partage de succession ou de communauté conjugale d'un bien immobilier), non assujettie à l'impôt sur les plus-values ; ou à titre onéreux (transfert de la propriété d'un bien immobilier dans le cadre d'une transaction immobilière), et dans ce cas, soumise à l'impôt sur les plus-values immobilières.

MUTATION A TITRE GRATUIT

Donation, succession ou partage de succession ou de communauté conjugale d'un bien immobilier. Elle n'est pas assujettie à l'impôt sur les plus-values immobilières.

MUTATION A TITRE ONEREUX

Transfert de la propriété d'un bien immobilier contre une transaction immobilière. Elle est soumise à l'impôt sur les plus-values immobilières.

MULTIPROPRIETE

Partage d'un bien immobilier entre plusieurs personnes. L'acquéreur dispose de la jouissance du bien pendant une période déterminée de l'année.

NANTISSEMENT

Contrat par lequel un débiteur remet une somme ou un bien à son créancier pour sûreté de la dette. Il n'est pas dépossédé de la somme ou du bien, mais ne peut plus en disposer.

NOTAIRE

Officier ministériel, titulaire d'une charge et bénéficiant d'un monopole pour l'établissement et la conservation des actes auxquels les parties veulent ou doivent conférer l'authenticité (vente immobilière, contrat de mariage, testament...). Ils ont également un rôle de conseil et exercent leurs fonctions sous le contrôle des magistrats du parquet.

NOTE D'URBANISME

Document administratif nécessaire à tout acte de vente ou de succession. Il indique le plan d'urbanisme applicable, l'éventuel alignement à respecter, la situation du bien au regard du droit de préemption, les réserves, servitudes, opérations publiques d'aménagement existantes ou à venir, les observations et prescriptions particulières.

NUE-PROPRIETE

La nue-propriété est la pleine propriété grevée d'un droit d'usufruit. Le plein propriétaire peut céder un usufruit sur son bien, il devient alors nu-propriétaire. Le nu propriétaire ne peut donc pas user de la chose ni en percevoir les fruits. A la fin de l'usufruit, il deviendra plein propriétaire.

P.A.S. (Pret a l'Accession Sociale)

Prêt à l'accession sociale. Prêt immobilier spécialement réservé aux personnes achetant ou revalorisant leur résidence principale. Il faut que les ressources soient inférieures à un plafond prédéfini.

Pass foncier

Le pass-foncier a pour but de favoriser les revenus modestes dans l'acquisition de leur résidence principale. Il permet de payer en deux temps : tout d'abord la construction de la maison, ensuite le terrain, quand le prêt principal souscrit pour la construction est remboursé. Les bénéficiaires doivent répondre à certains critères pour obtenir le pass foncier.

Patrimoine

Le patrimoine est l'ensemble des biens, droits, éléments aliénables et transmissibles qui sont la propriété, à un moment donné, d'une personne physique (personne) ou morale (entreprise).

Patrimoine immobilier

Ensemble des biens immobiliers que possède une personne à un moment déterminé. Comprend les constructions, les appartements en copropriété, les terrains à bâtir ainsi que les forêts, les champs et les plantations agricoles.

Permis de construire

Autorisation administrative obligatoire pour construire, rénover ou agrandir un édifice. La demande s'effectue en mairie.

Portefeuille

Ensemble constitué d'actifs immobiliers détenus (sur différents sites) par un investisseur en vue d'en tirer un revenu direct ou une plus-value.

Plan de situation

Plan donnant la situation géographique d'un terrain dans le périmètre de sa commune.

Plus-value immobiliere

Valeur de la différence entre le prix d'acquisition et le prix de revente d'un bien immobilier.

Preavis

Période qui sépare la décision de rompre un contrat (notamment en matière de baux de location) de la rupture définitive de ce contrat. Elle est destinée à permettre à la partie qui n'est pas à l'initiative de la rupture de prendre les dispositions qui s'imposent.

Pret amortissable

Prêt où la mensualité payée rembourse en même temps le capital et les intérêts. Au début de la période, le remboursement des intérêts est important et diminue au fil du temps. Le remboursement du capital suit la courbe inverse. Ce type de prêt est le plus couramment utilisé car pour une mensualité constante il permet le remboursement total du capital et des intérêts au terme du prêt.

Pret conventionne

Prêt à taux d'intérêt réglementé, accordé par les établissements financiers ayant signé une convention avec l'Etat.

Pret a taux 0%

Prêt immobilier sans intérêt réservé aux primo-accédants d'une résidence principale (logement neuf ou ancien), sous condition d'un plafond de ressources.

Pret in fine

Le prêt in fine : c'est un prêt dont on ne rembourse mensuellement que les intérêts. Le capital est remboursé en une seule fois à échéance du prêt. L'argent non consacré au remboursement du capital est placé, le plus souvent sur un contrat d'assurance-vie, afin de rapporter des intérêts. C'est le nantissement.

PRET RELAIS

Prêt dont les remboursements peuvent être différés, destiné à constituer un apport personnel dans l'attente d'un bien mis en revente. Il est appelé aussi prêt revente car il est mis en place en vue d'acquérir une nouvelle résidence, dans l'attente de la revente de sa résidence actuelle.

PRET 1% LOGEMENT

Prêt immobilier complémentaire pour l'acquisition d'une résidence principale, il est réservé aux salariés cotisant au 1% patronal.

PRIVILEGE DE PRETEUR DE DENIERS

C'est une sorte de caution qui garantit au prêteur le remboursement de la dette sur le bien acheté. Cette garantie ne peut être prise qu'à la condition que le bien existe déjà physiquement au moment de la vente (ce qui exclut les appartements sur plan).

PRIVILEGE MOBILIER

La copropriété bénéficie d'une garantie particulière qui lui permet de faire saisir et vendre les meubles et objets du copropriétaire débiteur ou de saisir les loyers, si le lot est donné en location non meublée. Ce privilège ne peut être utilisé qu'après l'obtention d'une condamnation du copropriétaire par un tribunal (art. 19 de la loi du 10 juillet 1965)

PROMESSE D'ACHAT

Document appelé aussi offre d'achat. C'est un avant-contrat par lequel le candidat à l'achat s'engage à acquérir un bien immobilier à un prix déterminé. Est nulle toute promesse d'achat accompagnée du versement d'une somme quelconque par l'acquéreur.

PROMESSE DE VENTE

Avant-contrat par lequel un vendeur s'engage à vendre un bien immobilier à une personne. Elle est dite unilatérale si elle n'engage que le vendeur, et bilatérale (ou synallagmatique) si elle engage les deux protagonistes.

PROMOTEUR

Professionnel réalisant un programme immobilier (achat du terrain, demande de permis de construire, gestion des travaux de construction et commercialisation).

QUITTANCE

Justificatif de règlement de loyer et charges, remis gratuitement par le bailleur (ou son mandataire) au locataire (sur sa demande).

QUITUS

C'est l'approbation de l'ensemble de la gestion comptable et administrative demandée par le syndic aux copropriétaires lors d'une assemblée générale.

QUORUM

Nombre minimal de personnes présentes (ou représentées) pour qu'une décision soit prise lors d'une assemblée générale de copropriété.

QUOTE-PART

Proportion de participation aux voix de l'immeuble dépendant généralement de la proportion du lot détenu dans le volume total de la copropriété.

REGLEMENT DE COPROPRIETE

Ensemble des règles de gestion et de vie commune entre les copropriétaires, ce document définit la destination de l'immeuble, la description des parties privatives et des parties communes, ainsi que la répartition des charges.

REHABILITATION

Modernisation d'un immeuble ou d'un quartier.

REMBOURSEMENT ANTICIPE

Depuis la loi *Scrivener* (13 juillet 1979), qui a mis en place un système de protection de l'emprunteur, vous avez la possibilité de rembourser une partie ou l'intégralité d'un prêt avant le terme prévu. Toutefois, cette possibilité peut s'accompagner de pénalités financières.

RENONCIATION

Acte par lequel on renonce à un droit.

RESILIATION

Rupture du contrat de location lorsque le locataire ne respecte pas ses obligations, notamment pour défaut de paiement des loyers, des charges, du dépôt de garantie, ou défaut d'assurance des locaux loués.

RESIDENCE SERVICES

Sous la dénomination de résidences avec services se trouvent différents types de logements : les résidences de tourisme, les résidences pour étudiants, les résidences pour personnes âgées, les résidences hôtelières ou résidence d'affaires.

REVENU FONCIER

Revenus issus de la location d'un lot. Le revenu foncier imposable est égal à la différence entre le prix du loyer payé par le locataire et les dépenses (frais, charges, déductions diverses…) assurées par le bailleur. Le revenu foncier est signalé au même titre que les autres revenus du propriétaire permettant ainsi le calcul de son impôt sur le revenu. (Déclaration 2044 ou 2044s) Lorsque les dépenses sont supérieures aux recettes, on parle alors de déficit foncier.

REVENU IMPOSABLE

C'est le total du revenu net annuel qui va servir de base au calcul de l'impôt.

SAISIE

Procédure qui consiste à immobiliser des biens immobiliers (ou mobiliers) qui deviennent incessibles et insaisissables. La saisie est précédée d'un « commandement de payer » délivré par huissier.

SCI (SOCIETE CIVILE IMMOBILIERE)

Société civile ayant une activité immobilière. Ces sociétés permettent d'acquérir et de gérer un patrimoine immobilier.

SCORING

Pour tout accord d'un prêt, un banquier doit estimer le comportement de son client. C'est un questionnaire qui permet de la cerner en matière de budget et dépenses. Cela permettra ainsi d'évaluer ses risques pris lorsqu'il prête de l'argent.

SEPARATION DE BIENS

Dans le régime de la séparation de biens, les époux gardent à leurs dispositions leurs biens personnels et les gèrent à leur façon. Il n'y a pas de biens en communs.

SOUS-LOCATION

Contrat de bail par lequel un locataire, prenant position de bailleur, s'oblige à procurer à un sous-locataire la jouissance du bien qu'il loue à son propre bailleur. La sous-location peut être partielle ou totale.

SYNDIC DE COPROPRIETE

Professionnel désigné par les copropriétaires. Il gère la copropriété, convoque les assemblées générales et en exécute les décisions.

TABLEAU D'AMORTISSEMENT

C'est un tableau établi par l'organisme financier prêteur, ce document indique durant une période de prêt le total de chaque mensualité. Il précise le montant du capital amorti, celui des intérêts et celui de l'échéance de remboursement.

TAUX D'ENDETTEMENT

Division entre le montant de remboursement d'un prêt par le montant des revenus. Il est généralement établi qu'au-delà de 33% d'endettement, les organismes financiers ne souhaitent pas s'engager auprès de leur client.

TAUX D'INTERET

C'est la rémunération de l'établissement financier accordant un prêt. Il est différent en fonction des marchés, des préteurs et de la durée du crédit. Il peut être fixe ou révisable.

TAUX FIXE

Taux de prêt qui ne subit aucune variation pendant la durée du prêt.

TAUX REVISABLE OU TAUX VARIABLE

Taux qui subit des variations. Il évolue en fonction de facteurs économiques et financiers. Il est de plus indexé sur un indice de référence du marché monétaire. Le taux révisable capé est un taux qui ne dépasse jamais un plafond fixé à l'avance.

TAXE FONCIERE

Taxes qui sont dues par le propriétaire : taxe ou redevance des ordures ménagères, taxe de balayage, droit de bail…

TAXE D'HABITATION

Taxe due pour l'habitation principale et la résidence secondaire par l'occupant au 1er janvier de chaque année. Les locaux meublés affectés à l'habitation et leurs dépendances immédiates sont donc soumis à cette taxe.

Taxe professionnelle

Ancienne taxe locale due par toutes les personnes physiques ou morales qui exerçaient, à titre habituel, une activité professionnelle non salariée. Elle était calculée sur la base de la valeur locative des immobilisations et d'une fraction du montant des salaires ou des recettes. Depuis le 1er janvier 2010, elle est remplacée par la Contribution Foncière des Entreprises.

TEG (Taux effectif Global)

Le taux effectif global prend en compte les intérêts proprement dits d'un prêt ainsi que tous les frais d'assurance et de garanties, les commissions et autres rémunérations. Il doit figurer obligatoirement dans l'offre de prêt.

Tontine

Clause juridique qui permet d'effectuer une donation au dernier vivant sans que les héritiers du défunt aient un droit quelconque sur un bien en question.

Transaction

Location ou vente d'un bien immobilier, concrétisée par la signature d'un bail ou d'un acte de vente, y compris les clés-en-main. En cas de conditions suspensives, la transaction est prise en compte après la levée de celle-ci.

Usufruit

Droit temporaire de profiter d'une chose (notamment un bien immobilier) et d'en récolter les « fruits ». Il prend fin notamment avec le décès de l'usufruitier.

Valeur venale

La valeur vénale correspond au prix auquel un bien ou un droit immobilier pourrait être raisonnablement cédé en cas de vente amiable au moment de l'expertise.

VEFA (VENTE EN L'ETAT FUTUR D'ACHEVEMENT)

Egalement appelée « vente sur plan ». L'acquéreur devient propriétaire du bien immobilier au fur et à mesure de sa construction. Le contrat de vente, en général précédé d'un contrat de réservation, est conclu devant notaire et précise la description de l'immeuble et ses caractéristiques techniques, le prix et les modalités de paiement, le délai de livraison.

VENTE PAR ADJUDICATION

Appelée aussi vente aux enchères.

VENTE A UTILISATEUR

Vente d'un local (bureaux, locaux d'activités...) destiné à l'utilisation du futur acheteur. Il ne l'achète pas pour le mettre en location.

VIAGER

Contrat de vente d'un bien immobilier par lequel l'acheteur verse au propriétaire durant toute la durée de vie de ce dernier, une rente appelée « arrérage ». En plus de cette rente viagère, l'acquéreur paye en général une mise de fond « bouquet », qui représente 20 à 30% de la valeur du bien. Fixée librement entre les parties, la rente est calculée selon un rapport établi entre le montant du capital restant dû et l'espérance de vie du vendeur. En cas de viager libre le vendeur est déchargé des frais d'entretien et de gestion et l'acquéreur peut immédiatement occuper le logement ou le louer. En cas de viager occupé, le vendeur peut occuper son logement jusqu'à son décès.

VICE

Défaut de construction apparent ou caché. Il est dit caché lorsqu'il ne se voit pas lors de la réception des travaux.

Pour accéder à votre formation gratuite,

flashez le QR code suivant :

48237741R00107

Printed in Poland
by Amazon Fulfillment
Poland Sp. z o.o., Wrocław